AF450386

COURS COMPLET DE LANGUE ALLEMANDE

EXERCICES PRÉLIMINAIRES

SERVANT D'INTRODUCTION AU

COURS DE VERSIONS ET DE THÈMES

ÉCRITS ET PARLÉS

VERSIONS ET THÈMES

ÉCRITS ET PARLÉS

APPLIQUÉS

AUX RÈGLES DE LA GRAMMAIRE

ET ACCOMPAGNÉS

D'UN VOCABULAIRE

AVEC L'INDICATION DE L'ACCENT TONIQUE ET DE LA QUANTITÉ DES SYLLABES

Par M. ADLER MESNARD

Maître de conférences à l'École normale supérieure, membre
de l'Académie allemande de Berlin

PREMIÈRE PARTIE

EXERCICES PRÉLIMINAIRES

1re DIVISION

Ouvrage autorisé par M. le Ministre de l'Instruction publique

4e Édition

PARIS

CH. DELAGRAVE ET Cie, LIBRAIRES

78, RUE DES ÉCOLES, 78

1868

PARIS. — J. CLAYE, IMPRIMEUR, RUE SAINT-BENOIT, 7.

AVIS IMPORTANT

Nos Exercices préliminaires, servant d'introduction au **Cours de Versions et de Thèmes écrits et parlés**, diffèrent tellement des ouvrages de ce genre publiés jusqu'à ce jour, que nous croyons utile d'en expliquer le plan et le but; mais il est indispensable que nous jetions d'abord un rapide coup d'œil sur les principales méthodes employées pour l'enseignement des langues vivantes.

Jacotot, l'auteur de la méthode qui porte son nom, part du principe que *Tout est dans tout,* c.-à-d. qu'il suffit d'apprendre peu de choses à fond pour savoir tout. Cette idée juste en elle-même, qu'il a appliquée sur le *Télémaque,* cause, dans l'étude des langues, un ennui, un dégoût insurmontables. En effet, quoi de plus fastidieux pour l'élève que d'être forcé de retourner sans cesse aux premières phrases du *Télémaque?*

Hamilton veut qu'on apprenne une langue étrangère comme les enfants apprennent leur langue maternelle. Très-bien! mais pour réaliser cette idée, il faudrait que l'élève fût toujours entouré d'étrangers, condition très-difficile à remplir. Hamilton s'efforce de lever cette difficulté à l'aide d'une traduction littérale dans laquelle il n'accorde qu'un seul sens à chaque mot. C'est ainsi qu'il traduit:

Il n' a pas été haï.

par Er nicht hat Schritt gewesen gehaßt.

Comprenne qui pourra! Si l'on ajoute à cela que l'exercice du thème ne se fait presque pas, ou du moins ne se fait que très-tard, on doutera quelque peu des grands résultats obtenus, dit-on, par cette méthode.

Ollendorf procède d'une manière toute différente : chez lui, l'élève fait des thèmes, des thèmes, et encore des thèmes, qui fournissent matière à des questions et à des réponses formulées dans la langue qu'on étudie. On voit, sans que nous l'indiquions, que cette méthode pèche par l'absence de tout élément littéraire.

ROBERTSON suit une marche plus rationnelle : il présente à l'élève un texte en l'accompagnant de deux traductions, l'une littérale, l'autre correcte, et il en tire le sujet d'un thème d'imitation. Ce procédé serait parfait, si le commençant n'était pas obligé de surcharger sa mémoire d'une foule de règles disparates, et de faire, pour ainsi dire, une course désordonnée à travers le vaste champ de la grammaire.

SEIDENSTÜCKER part du même principe qu'Hamilton, mais il en modifie l'application : « Un enfant qui commence à parler, dit-il, essaie d'abord d'articuler des mots isolés, puis il les réunit par petits groupes, et parvient insensiblement à former des phrases. » Cette méthode a été appliquée à l'enseignement de l'allemand par M. Lutgen, qui, pour faciliter la traduction des thèmes, a placé les mots français dans l'ordre qu'ils doivent suivre en allemand. A cette occasion, il est tombé dans le défaut d'Hamilton ; en voici un exemple : « Vous deviendriez cela à lui pas dit avoir, » veut dire : « Vous ne lui auriez pas dit cela ». Un procédé aussi bizarre peut-il faciliter le travail de l'élève ? Nous en doutons.

AHN, en marchant sur les traces de Seidenstücker, sait du moins éviter ce mot-à-mot barbare, mais il se renferme dans les phrases les plus banales : aussi un élève, après avoir étudié son Cours, n'est-il pas en état de traduire en allemand la prose la plus simple ; il manque à la fois de connaissances grammaticales et d'un vocabulaire d'une étendue suffisante. Les choses superficielles qu'il a apprises ne lui sont, en définitive, d'aucune utilité.

M. GRÆSER, le panégyriste de cette méthode appliquée à l'enseignement du français, donne aux maîtres les conseils suivants : « Le professeur prononcera d'abord le mot allemand Vater, et ensuite le français *père*, à plusieurs reprises et très-distinctement ; quand l'élève aura bien saisi la prononciation du mot étranger, il le répétera à son tour. Ensuite on traitera de la même manière le mot *frère,* les articles *le* et *la.* On fera de même avec les mots contenus dans les deux versions suivantes, et l'on continuera cet exercice jusqu'à ce que l'élève ait appris tous les mots, et soit en état de les bien prononcer. Alors seulement, *mais pas plus tôt,* l'élève ouvrira son livre. » Sans nier absolument l'utilité de cet exercice, nous le croyons trop incompatible avec l'ordre et la discipline pour qu'il soit possible de l'appliquer dans la classe d'une école.

Après ce court exposé des principales méthodes qui ont quelque caractère d'originalité, nous allons présenter et discuter la nôtre qui a la prétention de les résumer toutes, nous l'avouons franchement, en ce qu'elles ont de bon, d'en élaguer ce qu'elles ont de vicieux, et de combler les regrettables lacunes qui s'y rencontrent.

Aucune langue vivante ne présente autant de difficultés aux commençants que la langue allemande ; les éluder, c'est empêcher tout progrès sérieux, et préparer aux élèves, autant qu'au professeur, des dégoûts, des déceptions et des ennuis sans fin ; d'autre part, les aborder de front, c'est décourager les jeunes gens, les mettre dans l'impossibilité de bien faire et, plus tard, de profiter de l'enseignement. Voici comment nous évitons ce double écueil.

Une **Version écrite** ouvre la série des exercices. Des signes typographiques, indiquant l'accent tonique et la quantité des syllabes, aident l'élève à répéter, après le maître, les petites phrases qu'il doit traduire, les mots qu'il doit apprendre par cœur. Un vocabulaire, placé au-dessous du texte, lui explique, chose fort importante, l'origine et le véritable sens des mots. C'est là, pour ainsi dire, la partie savante de l'ouvrage que le professeur peut développer plus ou moins, suivant la force de ses élèves. Chaque version écrite ne se rapporte qu'à quelques règles que l'élève doit appliquer; ainsi, par exemple, pour faire la première version, il lui suffit d'avoir appris les articles, trois temps du verbe **loben**, et de savoir que des phrases comme : « mon père achète une maison, » se construisent en allemand de la même manière qu'en français.

Le **Thème écrit**, qui vient à la suite, est un thème d'imitation; or, comme on y retrouve les mots qui figurent dans le texte de la version, l'élève peut, avec quelque attention, faire un devoir *sans faute*. Tout professeur sait que c'est là le meilleur des encouragements.

La **Version parlée**, toujours faite à livre fermé, est destinée à former l'oreille de l'élève aux sons allemands. Sans un texte imprimé, cet exercice indispensable serait illusoire dans une classe où l'esprit du professeur est préoccupé de bien des choses à la fois.

Enfin, le **Thème parlé**, qui forme le quatrième et dernier exercice, accoutume l'élève à exprimer sa pensée dans la langue étrangère.

En résumé, notre méthode offre les avantages suivants:

1° donner aux élèves un enseignement grammatical sérieux, sans exiger de leur part une contention d'esprit qui n'est pas naturelle à leur âge;

2° les éclairer sur la véritable signification des mots, et leur éviter les fautes ridicules qu'ils font trop souvent en recourant au dictionnaire;

3° graver dans leur mémoire les vocables de l'idiome allemand par quatre exercices différents, sans compter un cinquième qui consisterait à les leur demander isolément;

4° les habituer, dès les premières classes, par des exercices simples et rigoureusement gradués, à comprendre l'allemand à l'audition, et à s'exprimer correctement dans cette langue.

Q. F. F. Q. E. J. S. N.

Paris, le 9 mars 1859.   A. M.

EXERCICES PRÉLIMINAIRES

<table>
<tr><td>

I. Déclinaison des articles (§ 11).
Conjugaison régulière ou faible
   (§ 32).

</td><td>

Construction directe (§ 67).
Verbe à un temps simple :

</td></tr>
</table>

Mon père achète une maison.
Mein Va'ter kauft' ein Haus'.

1. Version écrite.

1. Der Schül'er lernt' deutsch'. 2. Der Lehr'er lobt' die Schül'er. 3. Er kauft' ein Lineal', ein Fed'ermess'er und ein Radir'mess'er. 4. Mach'e die Auf'gabe und lern'e die Lection'. 5. Wir such'ten das Buch' und das Heft'. 6. Der Bau'meister baut' eine Kirch'e und eine

<table>
<tr><td>

1. der Schül'er, l'écolier, l'élève
   (die Schul'e, l'école, *latin :*
   schola)
  lern'en, apprendre
   (*lat.* discere)
  deutsch', (l') allemand
   (Voy. § 57, 13°)
2. der Lehr'er, le professeur
   (lehr'en, enseigner ; *lat.* do-
   cere)
  lob'en, louer
3. kauf'en, acheter
  das Lineal', la règle (*de bois*)
  das Fed'ermess'er, le canif.
   (die Fed'er, la plume
  das Mess'er, le couteau)

</td><td>

und, et
das Radir'mess'er, le grattoir
   (*lat.* radere : gratter)
4. mach'en, faire
  die Auf'gabe, le devoir (*d'élève*)
   (auf'-geben, donner [à faire])
  die Lection', la leçon
5. such'en, chercher
  das Buch', le livre
   (*Comp.* bouq-uin)
  das Heft', le cahier
   (heft'en, attacher, brocher)
6. der Bau'meister, l'architecte
   (der Meist'er, le maître)
  bau'en, élever, bâtir
  die Kirch'e, l'église

</td></tr>
</table>

Schul'e. 7. Der Tisch'ler macht' einen Tisch' und eine Bank'. 8. Der Va'ter liebt' den Sohn'. 9. Die Lehr'er lob'ten die Schül'er. 10. Sag'e im'mer die Wahr'heit. 11. Wäh'le eine Stahl'feder oder eine Gäns'efeder. 12. Du kauf'test gest'ern einen Blei'stift', Papier', Tint'e und Streu'sand'.

7. der Tisch'ler, le menuisier
  der Tisch', la table
  die Bank', le banc
8. der Va'ter, le père (*lat.* pater)
  lieb'en, aimer
  der Sohn', le fils
10. sag'en, dire
  im'mer, toujours
  die Wahr'heit, la vérité
    (wahr', vrai)
11. wäh'len, choisir
  die Stahl'feder, la plume de fer
    (der Stahl', l'acier)
  oder, ou
  die Gäns'efeder, la plume d'oie

  (die Gans', l'oie ; *plur.* die Gäns'e)
12. gest'ern, hier
  der Blei'stift', le crayon
    (das Blei', le plomb
    der Stift', la tige [pointue])
  das Papier', le papier
  die Tint'e, l'encre
    (*Comp.* teinte)
  der Streu'sand', la poudre
    (streu'en, répandre
    der Sand', le sable)
NB. *Les substantifs pris dans le sens partitif n'ont pas d'article en allemand.*

2. Thème écrit.

NB. *Dans les Exercices I à VII (n° 1 à 28), les substantifs ne se présentent que sous la forme indiquée dans le vocabulaire; l'élève n'a donc qu'à y ajouter les articles (§ 11).* — Les mots entre parenthèses ( ) ne doivent pas être traduits. Un mot entre crochets [ ] remplace celui qui le précède.

Les élèves apprennent l'allemand. — Achète une plume et un crayon. — L'élève apprend la leçon. — Le professeur acheta un livre. — Il cherche une règle et la poudre. — Ils faisaient le devoir. — Le fils aimait le père. — Les professeurs aiment les élèves. — Cherchez le cahier et le canif. — Les architectes bâtissent une école. — Les menuisiers font un banc.

3. Version parlée.

Wir mach'en die Auf'gabe und lern'en die Lection'. — Der Schül'er kauf'te ein Heft'. — Der Lehr'er baut' eine Schul'e. — Wir mach'ten die Auf'gabe. — Die Schül'er lieb'en den Lehr'rer. — Der Bau'meister sag'te die Wahr'heit. — Du kaufst' einen Blei'stift'. — Die Tisch'ler hab'en ein Lineal'. — Sie wähl'ten einen Bau'meister. — Die Lehr'er lob'en das Buch'. — Der Va'ter und der Sohn'lern'en deutsch'.

4. Thème parlé.

Le professeur dit toujours la vérité. — Les professeurs disent toujours la vérité. — L'élève fait un devoir. — Vous apprenez la leçon. — Tu disais la vérité. — Nous cherchons un cahier. — Nous achetâmes un canif. — J'apprends l'allemand. — Cherchez l'acier et le plomb. — Faites le devoir et apprenez la leçon. — Le menuisier acheta une règle et un crayon. — Ils bâtissent une maison. — Je choisis une plume de fer. — Le professeur aime et loue les élèves.

II. Conjugaison régulière ou faible (§ 32).

Construction directe (§ 67). Verbe à un temps composé :

	Mein Va'ter	hat ein Haus' gekauft'.
litter.	Mon père	a une maison acheté.
c.-à-d.	Mon père	a acheté une maison.

5. Version écrite.

1. Die Schül'er haben die Uebersetz'ung und das The'ma ou Exerci'tium gemacht'. 2. Der Lehr'er hat einen Schül'er gestraft'. 3. Der Tisch'ler wird eine Bank' mach'en. 4. Die Schül'er wer'den das Führ'ungsbuch

1. die Uebersetz'ung, la traduction, la version
  (über-setz'en, *littér.* trans-poser)
  das The'ma
  das Exerci'tium } le thème

2. straf'en, punir
4. das Führ'ungsbuch, le cahier de correspondance
  (führ'en, conduire)

gesucht' haben. 5. Das Kind' würde die Lection' gelernt' haben. 6. Ich habe eine Mapp'e gekauft'. 7. Wir haben heute gelacht' und wer'den vielleicht' morg'en wein'en. 8. Sie hat'ten ein Tint'enfaß' gekauft'. 9. Der Direc'tor hat die Schül'er gelobt'. 10. Der Cen'sor hat'te die Auf'seher gesucht'. 11. Ich habe das Sand'faß' geholt'. 12. Du wirst' das Papier' und das Pennal' ver= gebens gesucht' haben.

5. das Kind', l'enfant (*garçon* ou *fille en bas âge*)
6. die Mapp'e, la gibeciére (*d'un élève*)
7. heute, aujourd'hui
lach'en, rire
vielleicht', peut-être (*littér.* très-facilement *ou* probablement)
morg'en, demain
wein'en, pleurer
8. das Tint'enfaß', l'encrier

(das Faß', le vase)
9. der Direc'tor, le proviseur
10. der Cen'sor, le censeur
der Auf'seher, maître d'étude (*littér.* surveillant : seh'en, voir ; auf, sur)
11. das Sand'faß', le poudrier hol'en, aller chercher
12. das Pennal', l'étui à plumes (*du lat.* penna)
vergebens, en vain, inutilement.

6. Thème écrit.

Le proviseur a cherché le censeur. — Les élèves chercheront le cahier de correspondance. — Nous avions acheté du papier et de l'encre. — Vous achète- rez une table. — Tu es allé chercher une plume d'oie. —Le censeur a puni un élève.—L'architecte a bâti une église. — Les maîtres d'étude ont loué les élèves. —Il a fait le thème et la version. — Le menuisier aura fait la table. — Tu as ri aujourd'hui, tu pleureras peut-être demain.

7. Version parlée.

Ich wer'de die Ueberseß'ung heute oder morg'en mach'en. — Das Kind' hat'te die Wahr'heit gesagt'. — Der Lehr'er hat gest'ern einen Schül'er gestraft'. — Der Cen'sor wird

das Füh'rungsbuch gesucht' haben. — Die Schül'er haben
die Auf'gabe gemacht' und die Lection' gelernt'. — Der
Tisch'ler würd'e die Bank' gemacht' haben. — Die Bau=
meister haben eine Kirch'e gebaut'. — Das Kind' hat
geweint' und gelacht'. — Der Auf'seher hat'te den Direc'tor
vergeb'ens gesucht'. — Laßt' uns das Pennal' such'en!

8. Thème parlé.

Les maîtres d'étude ont inutilement cherché le cahier
de correspondance. — J'achèterai une gibecière et un
étui à plumes. — Ils apprendront la leçon demain. —
Ils ont fait la version hier. — Ils avaient bâti une
église. — J'ai choisi une plume de fer. — Le menuisier
fera une table et un banc. — Il a appris l'allemand. —
Disons toujours la vérité! — Tu as acheté de l'encre et
de la poudre; j'achèterai un canif et une règle.

III. Suppression ou conservation
de l'e mi-muet dans la conjugaison de certains verbes (§ 33).

Adjectifs pronominaux possessifs
(§ 29).
Construction interrogative.

1° *Verbe à un temps simple :*

Kauft' mein Vat'er ein Haus'?
littér. Achète mon père une maison?
c.-à-d. Mon père achète-t-il une maison?
ou Est-ce que mon père achète une maison?

2° *Verbe à un temps composé :*

Hat mein Vat'er das Haus' gekauft'?
littér. A mon père la maison acheté?

9. Version écrite.

1. Schütt'elt der Wind' den Baum'? — Ja. 2.
Hat der Wind' den Baum' geschütt'elt? — Nein. 3.

1. schütt'eln, secouer
  der Wind', le vent
  der Baum', l'arbre

(bau'en, élever *V. p.* 1, *n°* 6)
ja, oui
2. nein, non

Haben die Schül'er fleiß'ig gear'beitet? 4. Hat der Va'ter seinen Sohn' geseg'net? 5. Zeich'net und rech'net deine Schwest'er gut'? 6. Hass'est du deinen Feind' und liebst' du nur deinen Freund'? 7. Lach'te oder läch'elte dein Bru'der? 8. Wird der Schmied' das Eis'en bald geschmied'et haben? 9. Kränk'elt deine Mut'ter noch im'mer? 10. Hat'te der Lehr'er seine Schül'er getad'elt? Hat'ten sie geplaud'ert? 11. Hast du deinen Wunsch' geäuß'ert? 12. Wer'den die Mau'rer die Mau'er weiß'en? 13. Speis'est du gewöhn'lich allein? 14. Hat der Kumm'er deinen Groß'vater getödt'et? 15. Hat die Mut'ter ihre Toch'ter geliebt'?

3. fleiß'ig, assidûment; bien
   (der Fleiß', l'application)
   NB. *Les adverbes allemands ne se*
   distinguent pas des adjectifs par
   leur forme : fleiß'ig *signifie à*
   la fois assidu *et* assidûment.
   ar'beiten, travailler

4. seg'nen, bénir
   (sich seg'nen, se signer)

5. zeich'nen, dessiner
   rech'nen, calculer
   die Schwest'er, la sœur
   gut', bien (*adj.* bon)

6. hass'en, haïr
   der Feind', l'ennemi
   der Freund', l'ami
   nur, seulement; ne... que

7. läch'eln, sourire
   der Bru'der, le frère

8. der Schmied', le forgeron
   das Eis'en, le fer
   bald, bientôt
   schmied'en, forger

9. kränk'eln, être souffrant
   (krank', malade)
   die Mut'ter, la mère (*lat.* mater)
   noch, encore

10. tad'eln, blâmer
   plaud'ern, causer, bavarder

11. der Wunsch', le désir, le souhait
   äuß'ern, exprimer, manifester
   (aus. außer, hors)

12. der Mau'rer, le maçon
   die Mau'er, le mur
   weiß'en, blanchir
   (weiß', blanc)

13. speis'en, manger; prendre ses
   repas; *plus particulièr.* dîner
   gewöhn'lich, habituellement
   (gewöhn'en, habituer;
     wohn'en, habiter)
   allein, seul (all, tout; ein, un)

14. der Kumm'er, le chagrin
   der Groß'vater, le grand-père
   tödt'en, tuer

15. die Toch'ter, la fille (*par rap-*
   port au père ou à la mère. Comp.
   θυγάτηρ)

10. Thème écrit.

Les élèves ont-ils fait un thème? — Le forgeron forge-t-il un fer? — Ton frère travaille-t-il assidûment ? — Sa sœur (à lui) a-t-elle dîné? — Sa mère (à elle) dîne-t-elle seule? — Apprends-tu l'allemand? — Est-ce que le maçon blanchit le mur? — Leur fille calcule-t-elle bien? — Le professeur blâme-t-il ses élèves? — Ton grand-père a-t-il acheté la maison? — Auront-ils bâti une église? — Le menuisier a-t-il fait une table?

11. Version parlée.

Hat der Schül'er eine Mapp'e gekauft'? — Wird dein Vat'er eine Schul'e bau'en? — Schütt'elte der Wind' den Baum'? — Tödt'et der Kumm'er? — Hat dein Bru'der gekränk'elt? — Aeuß'ertest du einen Wunsch'? — Schmie'= dest du ein Eis'en? — Plaud'ert dein Schül'er gewöhn'= lich? — Wohnst' du allein? — Weiß'est du die Mau'er? — Tad'elst du meine Schwest'er? — Seg'nete er' seinen Feind'? — Rech'net er' fleiß'ig?

12. Thème parlé.

As-tu forgé le fer? — Son élève travaillait-il bien? — Ta sœur a-t-elle assidûment travaillé? — Sa fille (à lui) dessine-t-elle seule? — Ton ami a-t-il ri ou (a-t-il) seulement (nur) souri? — Exprimez votre désir. — Auras-tu bientôt dîné? — Achèteras-tu une règle? — Bâtirait-il une maison? — Auront-ils choisi un couteau ou un canif? — Les élèves ont-ils bien appris la leçon? — Avaient-ils fait la version et le thème? — Le professeur a-t-il loué ses élèves?

IV. Verbe $\mathfrak{haben}$ (§ 34).
  Adjectifs interrogatifs (§ 28).
  NB. *Dans le langage poli, les Allemands se servent de la troisième personne du pluriel; les pronoms s'écrivent alors avec une majuscule* (§ 83, IV).

Construction interrogative.
Exception (§ 69, 1°).

$\mathfrak{Wer\ kauft\ das\ Haus}$?
Qui [est-ce qui] achète la maison?
$\mathfrak{Warum\ hat\ mein\ Vater\ das\ Haus\ gekauft}$?
littér. Pourquoi a mon père la maison acheté?
c.-à-d. Pourquoi mon père a-t-il acheté la maison?

I3. Version écrite.

1. $\mathfrak{Was\ für\ ein\ Buch\ haben\ Sie\ da}$? **2.** $\mathfrak{Welch'es\ Buch\ hast\ du\ gehabt}$? **3.** $\mathfrak{Was\ für\ ein\ Glas\ hat'ten\ Sie}$? **4.** $\mathfrak{Welch'es\ Glas\ haben\ sie\ gehabt}$? **5.** $\mathfrak{Welch'er\ Schül'er\ hat\ mein\ Buch\ gehabt}$? **6.** $\mathfrak{Wo\ hat'te\ der\ Soldat\ sein\ Gewehr\ und\ seinen\ Sä'bel}$? **7.** $\mathfrak{Welch'er\ Kavallerist\ hat'te\ keinen\ Helm}$? **8.** $\mathfrak{Warum\ hat'te\ der\ Offizier\ seinen\ Deg'en\ gezeigt}$? **9.** $\mathfrak{Was\ wünscht\ der\ Mensch\ mehr\ als\ Reich'thum}$? **10.** $\mathfrak{Welch'e\ Flint'e\ (ou\ Büchs'e)\ hat'te\ der\ Jä'ger}$? **11.** $\mathfrak{Wer\ hat\ Pulv'er\ und}$

1. $\mathfrak{da}$, là
3. $\mathfrak{das\ Glas'}$, le verre
  (*comp.* glace)
6. $\mathfrak{wo}$, où (*ubi*)
  $\mathfrak{der\ Soldat'}$, le soldat
  $\mathfrak{das\ Gewehr'}$, le fusil (de munition)
  $\mathfrak{der\ Sä'bel}$, le sabre
7. $\mathfrak{der\ Kavallerist'}$, le cavalier (*soldat*)
  $\mathfrak{kein}$, aucun, nul; *devant un substantif :* ne... pas
  $\mathfrak{der\ Helm'}$, le casque
  (*compar.* heaume)
8. $\mathfrak{der\ Offizier'}$, l'officier

$\mathfrak{der\ Deg'en}$, l'épée
  (*compar.* dague)
$\mathfrak{zeig'en}$, montrer
9. $\mathfrak{wünsch'en}$, désirer, souhaiter
  $\mathfrak{der\ Mensch'}$, l'homme (*homo*). **V.** § 56 *Remarque*
  $\mathfrak{mehr\ als}$, plus que
  $\mathfrak{der\ Reich'thum}$, la richesse
  ($\mathfrak{reich'}$, riche)
10. $\mathfrak{die\ Flint'e}$ } le fusil (de **chasse**)
  $\mathfrak{die\ Büchs'e}$
  $\mathfrak{der\ Jä'ger}$, le chasseur
  ($\mathfrak{jag'en}$, chasser)
11. $\mathfrak{das\ Pulv'er}$, la poudre (à canon. *Comp.* pulvis)

𝕭lei'? 12. 𝖂as' ist ein 𝕸ann' ohne 𝕸uth', ein 𝖂eib' ohne 𝕿ug'end? 13. 𝖂elch' ein 𝕲lück' für Ihren 𝕭a'ter! 14. 𝖂elch'er 𝕸ensch' ist im'mer gesund'? 15. 𝖂elch'e 𝕱rau' ist im'mer glück'lich?

das 𝕭lei', le plomb	(taug'en, valoir)
12. der 𝕸ann', l'homme (*vir*)	13. das 𝕲lück', le bonheur, la fortune, la chance (*für, pour*)
ohne, sans (*prép. acc.*)	
der 𝕸uth', le courage	14. gesund', sain, bien portant
das 𝕭eib'*, la femme (*personne du sexe féminin*)	15. die 𝕱rau', la femme (mariée), la maîtresse de maison
die 𝕿ug'end, la vertu	glück'lich, heureux.

14. Thème écrit.

Où as-tu acheté le verre ? — Achèteras-tu un fusil ? — Qui a eu mon sabre ? — Quelle épée a-t-il eue ? — Où a-t-il eu son livre et son cahier ? — Quel chasseur avait eu mon fusil ? — Qui est-ce qui a ma règle et mon crayon ? — Quel soldat n'a pas de courage ? — Quel soldat ! il n'a pas de courage. — Quel élève a mon cahier ? — Pourquoi n'a-t-il pas acheté une règle ? — Qui avait cherché le cahier de correspondance ? — Quel architecte a bâti notre église ?

15. Version parlée.

𝖂er' hat mein 𝕱ed'ermess'er gehabt'? — 𝖂elch'e 𝕱ed'er hat sie gehabt'? — 𝖂as' für eine 𝕱ed'er hat'te er? Eine 𝕾tahl'feder. — 𝖂elch'es 𝕷ineal' habt ihr gehabt'? — 𝖂as' für ein 𝕭uch' hast' du da? — 𝖂elch'es 𝕭uch' hat der 𝕷ehr'er gehabt'? — 𝖂as' für ein 𝕸ann' ist das'? — 𝖂elch'er 𝕸ann' hät'te keinen 𝕸uth'! — 𝖂as' hat das 𝕶ind' gesucht'? — 𝖂elch'er 𝕾oldat' hat kein 𝕻ulv'er

---

* Ce mot signifie étymologiquement : L'ÊTRE [*que Dieu a*] JOINT [*à l'homme*]; de là le genre neutre. Comparez le latin *conjux* qui est à la fois masculin et féminin.

gehabt'? — Warum' wer'den wir kein Blei' haben? — Welch'e Büchf'e hat'te der Jä'ger? — Welch'e Mau'er wer'den die Mau'rer weiß'en? — Welch'e Schül'er ,haben heute geplaud'ert?

16. Thème parlé.

Pourquoi ce soldat n'a-t-il pas de fusil? — Quel chasseur! il a un fusil et (n'a) pas de poudre. — Quel cavalier n'a pas de sabre? — Quel devoir ont-ils fait? — Qui a eu ma règle et mon canif? — Qui aurait plus de courage? — Quel homme a toujours du bonheur? — Quelle version avez-vous faite aujourd'hui? — Quel thème ferez-vous demain? — Quel poudrier aviez-vous acheté? — As-tu eu ma gibecière? — La mère a-t-elle puni sa fille? — Le proviseur avait-il blâmé les élèves? — L'officier avait-il un casque? — Avons-nous bien travaillé aujourd'hui?

V. Verbe fein (§ 35).	Récapitulation des règles de construction.
Adjectifs démonstratifs (§ 26).	
Adjectif attribut invariable.	
(§ 19, 1°).	

17. Version écrite.

1. Ift beine Groß'mut'ter gefund' ober krank'? 2. Diefe Schül'er find fleiß'ig und jene faul'. 3. Sein Bru'der ift groß' und schön', und er' ift klein' und häß'= lich. 4. Mein O'heim und meine Tan'te find im'mer

1. bie Groß'mut'ter, la grand'mère	klein', petit
2. fleiß'ig, studieux, laborieux	häß'lich, laid; *étymol*, haïssable,
(v. *pl. h.* N° 9, 3°)	détestable
faul', paresseux	(haff'en, haïr)
3. groß', grand (gros)	4. ber O'heim, l'oncle
schön', beau	bie Tan'te, la tante

glück'lich gewesen. 5. Der Wein' und das Waff'er wa=
ren frisch. 6. Diese Fed'er ist zu hart' und jene zu
weich'. 7. Ist diese Lection' schwer` oder leicht' gewe=
sen? 8. War die Milch' süß' oder sau'er? 9. Ist die=
ser Apf'elwein nicht schlecht'? 10. Der Punsch' war zu
stark', der Kaf'fee und der Thee' zu schwach', das Bier'
zu jung' und das Brod' zu alt'. 11. Der Brannt'wein ist
un'gesund', die Chokola'de nahr'haft, die Limona'de er=
frisch'end. 12. Haben Sie Oel' und Eff'ig, Salz' und
Pfef'fer? 13. Dieses Rafir'meff'er wird zu hart' sein,
und jenes zu weich'. 14. Diese Tint'e ist zu dick', und
jene zu blaß'. 15. Warum' ist dieses Heft' so schmutz'ig?
halt'en Sie es künft'ig rein'er!

5. der Wein', le vin
das Waff'er, l'eau
frisch', frais (*fém.* fraîche)
6. die Fed'er, la plume
zu, trop (*devant un adjectif ou
un adverbe*)
hart', dur
weich', mou
7. schwer`, lourd; *fig.* difficile
leicht', léger; *fig.* facile
8. die Milch', le lait
süß', doux (*au goût*)
sau'er, sur, aigre
9. der Apf'elwein, le cidre
(der Apf'el, la pomme)
nicht, ne... pas (*devant un verbe*)
schlecht', mauvais
10. der Punsch', le punch
stark', fort
der Kaf'fee, le café
der Thee', le thé
schwach', faible
das Bier, la bière (*boisson*)
jung', jeune; (*en parl. d'une
boisson :*) nouveau

das Brod', le pain
alt', vieux; (*en parl. du pain :*)
rassis
11. der Brannt'wein, l'eau-de-vie
(*compar.* brandevin)
un'gesund', malsain
die Chokola'de (*prononcez* choco-
lâde), le chocolat
nahr'haft, nourrissant
(nähren, nourrir)
erfrisch'end, rafraîchissant
12. das Oel', l'huile (*lat.* oleum)
der Eff'ig, le vinaigre
das Salz', le sel (*lat.* sal)
der Pfef'fer, le poivre (*lat.* piper)
13. das Rafi'rmeff'er, le rasoir
14. dick', épais, gros
blaß', pâle (*so*, si)
15. schmutz'ig, sale
(der Schmutz', la saleté)
halt'en, tenir (*v. fort*)
künft'ig, à l'avenir
(komm'en, venir; *v. fort*)
rein', propre, pur, clair
(*comparatif* rein'er)

18. Thème écrit.

Cette plume (-ci) sera trop molle et cette autre trop
dure. — Cette version (-ci) a-t-elle été facile ou difficile? — Ce thème (-ci) sera trop facile. — Cette règle
(-ci) et ce cahier (-là) sont sales. — Cette plume de fer
(-ci) et cette plume d'oie (-là) sont trop mauvaises. —
Ce punch (-ci) n'est-il pas trop faible? — Avez-vous
cherché votre canif ou votre grattoir ? — Où avait-il
acheté ce chocolat (-ci)? — Cet élève (-ci) a été laborieux. — Cet architecte (-ci) a-t-il bâti cette église (-là)?
— Notre menuisier a-t-il fait cette table (-ci)? — Quelle
plume choisirez-vous? celle-ci ou celle-là?

19. Version parlée.

Ist dieses Oel' frisch' oder alt'? — Dieses Bier' wird
sau'er sein. — Ist dein Bru'der stark' oder schwach'? —
War deine Schweft'er krank' gewesen? — Ist jene Frau'
glück'lich? — War diese Auf'gabe zu schwer` gewesen?
— Hast du Brod' und Wein' gekauft'? — Dieser Thee'
wird zu stark' gewesen sein. — Diese Uebersetz'ung wird
leicht' sein, und jene schwer`. — Dieses Haus' ist schmutz'ig
gewef'en. — Jener Blei'stift' wird schlecht' gewesen sein.
— Ist diese Milch' süß' oder sau'er? — Ist dein Va'ter
groß' oder klein'?

20. Thème parlé.

Ce café (-ci) a été trop froid (kalt'). — Cette maison
est grande et cette autre est petite. — Cet élève (-ci)
sera toujours laborieux, et cet autre a toujours été paresseux. — Cette bière et ce cidre (-ci) sont trop aigres.
— Cette eau-de-vie (-ci) a été mauvaise. — Ce punch

(-ci) sera trop fort. — Cette encre (-là) sera-t-elle trop pâle ? — Sa grand'mère (à elle) a-t-elle été malade ? — L'huile et le vinaigre sont-ils bons ? — Faisons à l'avenir un thème et une version, et apprenons une leçon. — Ton oncle a-t-il bâti cette maison (-là) ? — Le censeur a-t-il loué ou blâmé ces élèves (-là) ? — Ce fils (-ci) aimera-t-il toujours son père et sa mère ? — Qui achètera ce livre (-là) ?

VI. Verbe werʾben (§ 36).	Proposition subordonnée.
Conjugaison des verbes passifs.	Rejet du verbe (§ 68).
Adjectifs conjonctifs (§ 27).	

Sch wünsch'te, baß mein Baʾter bas Hausʾ kaufʾte, gekauftʾ hätʾte.
littér. Je voudrais que mon père la maison achetât, acheté eût.

21. Version écrite.

NB. *Distinguez bien entre fein et werʾben.*

1. Der Knabʾe, welchʾem Luftʾ zur Arʾbeit fehltʾ, verʾbientʾ geftraftʾ zu werʾben. 2. Du wirft oft getabʾelt unb geftraftʾ, weil bu unʾaufmerkʾfam bift. 3. Ein Bergʾ, auf bem beftänbʾig Schneeʾ unb Eisʾ liegtʾ, heißtʾ ein Gletʾfcher. 4. Der Elephantʾ hat einen Rüffʾel, ben

1. ber Knabʾe, le garçon, l'enfant (mâle)	auf, sur (*dat. acc.*)
bie Luftʾ, le désir, l'envie	ber Schneeʾ, la neige
zur pour zu ber	bas Eisʾ, la glace
zu, à, de (*prép. dat.*)	liegʾen, gésir, se trouver, **y** avoir (*lat.* jacere) *v. fort*
fehlʾen, faillir, manquer	heißʾen, s'appeler (*v. fort.*)
verbienʾen, mériter	ber Gletʾfcher, le glacier (glattʾ, glissant; *comp. lat.* glacies)
2. oft, souvent	
weil, parce que	
unʾaufmerkʾfam, inattentif (merkʾen, remarquer)	4. ber Rüffʾel, la trompe (de l'éléphant)
3. ber Bergʾ, la montagne	wie, comme
beftänbʾig, constamment	bie Hanbʾ, la main
(ftehʾen, *v. irr.*, *prét.* ftanbʾ, *lat.* stare)	gebrauchʾen, *v. a.*, employer, se servir de

er` wie eine Hand` gebraucht`. 5. Ich werde im'mer von meinem Va'ter gelobt', wenn ich fleiß'ig und art'ig bin. 6. Ich bin von dem Lehr'er gestraft' word'en, weil ich meine Lection' nicht gelernt' hat'te. 7. Der Tisch', welch'en du gekauft' hast, ist von uns'erm Tisch'=ler gemacht'. 8. Dieses Haus' war schon gebaut', als du noch ein Kind' warst. 9. Die Fa'bel, welch'e die Schül'er gelernt' hat'ten, ist' von La Fontaine. 10. Ich wünsch'te, daß diese Kirch'e nicht geweißt' word'en wä`re.

5. wenn, si; quand	weil, parce que
art'ig, sage (*en parl. d'un enfant*)	8. schon, déjà (als, lorsque)
(die Art', la manière)	noch, encore
6. von, de; par (*dat.*)	9. die Fa'bel, la fable

22. Thème écrit.

La leçon a-t-elle été apprise? — Le devoir a-t-il été fait? — La version que cet élève a faite est-elle bonne? — Le professeur loue ses élèves quand ils ont bien travaillé. — La règle que tu as achetée n'est pas bonne. — L'enfant qui travaille bien est aimé et loué; celui qui est paresseux est blâmé et puni. — Cet enfant qui était paresseux et méchant est devenu studieux et sage. — Je serai toujours aimé de mon professeur parce que je suis sage et attentif.

23. Version parlée.

Von wem ist dieser Tisch' gemacht' word'en? — Er ist von seinem Va'ter gestraft' word'en, weil er` seine Auf'=gabe nicht gemacht' hat. — Seine Schwest'er wurd'e von ihrer Mut'ter getad'elt, weil sie nicht gear'beitet hat'te. — Die Schül'er wer'den von dem Lehr'er gestraft', wenn sie die Lection' nicht gelernt' hab'en. — Der Mann', welch'er im'mer die Wahr'heit sagt', verdient' gelobt' zu wer'den. —

Wo ist die Mapp'e, welch'e der Schül'er schmuß'ig gemacht' hat? — Von welch'em Bau'meister ist diese Kirch'e gebaut' word'en? — Eine Mut'ter, die ihre Toch'ter liebt', tad'elt sie nur, wenn sie es verdient'. — Wir wer'den von dem Lehr'er gelobt' wer'den, weil wir auf'merksam war'en.

24. Thème parlé.

L'élève qui est inattentif mérite d'être puni. — Un glacier est une montagne sur laquelle il y a constamment de la neige et de la glace. — Cette femme n'est pas heureuse parce qu'elle est toujours malade. — La version que les élèves avaient faite était facile. — Le thème que nous ferons demain est bien choisi. — Cet officier a été tué parce qu'il n'avait pas de casque. — Ce soldat est devenu officier parce qu'il a du courage et de la chance. — Le professeur désire que ses élèves apprennent bien l'allemand.

VII. Conjugaison des verbes ré- fléchis (§ 37) et unipersonnels (§ 38). Pronoms (§ 30).	Récapitulation des règles de construction.

Remarquez bien la place du pronom :

Mein Va'ter freut' sich über diese Nach'richt'.

littér. Mon père réjouit soi de cette nouvelle. (§ 67, 1°.)

25. Version écrite.

1. Man klagt' oft über sein Gedächt'niß, aber Nie'mand klagt' über seinen Verstand'. 2. Es ist sehr heiß'; es wund'ert mich, daß es nicht blißt und donn'ert. 3.

1. klag'en, se plaindre oft, souvent über, de (*dat., acc.*) das Gedächt'niß, la mémoire (denk'en, penser, *part.* gedacht') der Verstand', l'intelligence	(versteh'en, comprendre, *prét.* verstand') *v. fort* 2. Es ist heiß', il fait chaud sich wund'ern, s'étonner blitz'en, faire des éclairs donn'ern, tonner

Was' für Wett'er ist es? Es hat gest'ern gereg'net und gehag'elt; die Luft' ist noch feucht' und kalt'. 4. Wir haben uns heute gebad'et; das Waff'er war recht an'= genehm. 5. Setz'et euch auf diese Raf'enbank'; ihr seid gewiß' müb'e. 6. Es hung'ert und durst'et uns; habt' ihr nichts' zu eff'en und zu trink'en? 7. Ich sehn'e mich nach meinem Va'terland', und freu'e mich, wenn ich einen Lands'mann' seh'e. 8. Wie befind'en Sie sich? Ich dank'e Ihnen, ich befind'e mich wohl. 9. Dieser Mann' ärg'ert und grämt` sich über seinen Sohn', der` ein Faul'enzer ist. 10. Irr'e dich nicht: es gibt' nur Ein'en Gott'.

3. das Wett'er, le temps (*l'état de l'atmosphère*)	7. sich sehn'en, soupirer (*désirer ardemment*)
reg'nen, pleuvoir	nach, après (*dat.*)
hag'eln, grêler	das Va'terland', la patrie
die Luft', l'air (*qu'on respire*)	(das Land, le pays)
feucht', humide	sich freu'en, se réjouir
kalt', froid	der Lands'mann, le compatriote
4. bad'en, baigner	seh'en, voir (*v. fort*)
recht, bien, *synon. de* sehr, très	8. sich befind'en, se porter (*bien ou mal. V. fort*)
an'genehm, agréable	(find'en, trouver)
(an'·nehmen, accepter, agréer	dank'en, remercier (*v. neutre*)
5. sich setz'en, s'asseoir	9. sich ärg'ern, être en colère
(sitzen, être assis [*lat.* sedere])	(arg', méchant)
die Bank', le banc	sich grä`men, se chagriner
der Raf'en, le gazon	der Faul'enzer, le paresseux)
gewiß', certainement	(faul'enzen, paresser
(wiff'en, savoir)	faul', *adj.* paresseux
müb'e, fatigué	10. sich irr'en, se tromper
6. hung'ern, avoir faim	(*comp. lat.* errare)
(der Hung'er, la faim)	es gibt', il y a (3e *p. pr. ind. du v. fort* geb'en, donner. *Remarquez qu'il gouverne l'acc.*)
durst'en ou dürst'en, avoir soif*	
(der Durst', la soif)	
nichts', rien (*sens négatif*)	Gott', Dieu
eff'en, manger (*v. fort*)	
trink'en, boire (*v. fort*)	

* On traduit également bien *j'ai faim et soif* par : ich bin hung'rig und durst'ig, es hung'ert und durst'et mich, mich hung'ert und dur'stet, ich habe Hung'er und Durst'.

26. Thème écrit.

Comment vous portez-vous? Je ne me porte pas bien, je suis très-fatigué. — Les élèves qui se plaignent de leur mémoire sont souvent des paresseux. — Le temps est beau; il ne pleuvra pas aujourd'hui. — Je me suis baigné avec (mit, *d.*) mon frère; l'eau était agréable. — Pleuvra-t-il demain? Non, il fait trop froid. — Comprenez-vous (l') allemand? Pas toujours; cette langue (die Sprache) est très-difficile. — Asseyez-vous, et dites-moi comment se porte votre frère. Je vous remercie, il se porte bien. — Les professeurs se réjouissent quand leurs élèves sont attentifs et travaillent bien.

27. Version parlée.

Ich befind'e mich wohl', wenn es nicht zu heiß' ist. — Setz'e dich auf die Bank' und nicht' auf den Ras'en: er ist noch feucht'. — Dieser Knab'e hat keine Lust' zur Ar'beit; er beklagt' sich im'mer über die Lehr'er und die Auf'seher. — Es ärg'ert mich, daß mein Sohn' so oft' gestraft' wird. — Wir waren sehr müd'e; es hung'erte und durst'ete uns. — Dieses Kind' grämt' sich, weil seine Mut'ter krank' ist. — Es gibt Schül'er, die kein Gedächt'niß haben, und sich wund'ern, daß sie nichts' lern'en. — Das Wett'er ist schön' und das Wass'er warm'; hast du dich noch nicht gebad'et?

28. Thème parlé.

L'air est froid; nous ne nous baignerons pas aujourd'hui. — Asseyez-vous ! Je vous remercie, je ne suis pas fatigué. — J'ai faim et je n'ai rien à manger. — Je ne me porte pas bien quand il tonne et (qu'il) fait des éclairs. — Il n'y a qu'un Dieu qui a fait (le) ciel et (la) terre. — Il a plu ; ce banc de gazon est encore humide. — Me comprenez-vous ? Non, je ne vous comprends pas. — Vous vous êtes trompé : vous aviez une version à faire et vous avez fait un thème. — Ne nous chagrinons pas : personne n'est toujours heureux et bien portant. — Ce paresseux cause toujours ; le professeur le punira.

VIII. Déclinaison forte du substantif (§ 13).	Place du datif et de l'accusatif (§ 67 : 2, 3, 4).

Mein Va'ter hat' meinem Brud'er ein Haus' gekauft'.
littér. Mon père   a   à mon   frère   une maison acheté.

29. Version écrite.

1. Mein Va'ter hat mir einen Hut' und einen Stock' gekauft'. 2. Wer' hat diesem Kind'e uns'er Haus' gezeigt'? 3. Karl' wird seinem Freund'e ein Buch' schick'en. 4. Geb'en Sie mir Wein', Waff'er und ein Glas'. 5. Die Mäd`chen hab'en Bänd'er auf ihren Hüt'en und Ring'e an ihren Fing'ern. 6. Der Fuchs', der Wolf', das Renn'thier und der Hirsch' fürcht'en den Jä`ger. 7. Die Bürg'er folg'en den Gesetz'en, die Kind'er ihren

1. der Hut', le chapeau
  (hüt'en, garder. *Comp.* hutte,
  Hütt'e)
der Stock', la canne
  (steck'en, ficher [*en terre*], *v. fort*)
Karl', Charles
3. schick'en, envoyer
4. geb'en, donner (*v. fort*)
5. das Mäd`chen, la jeune fille
das Band, le ruban
  (bind'en, lier ; *prét.* band)
der Ring, la bague
an, à (*dat., acc.*)
	der Fing'er, le doigt
	6. der Fuchs', le renard
	der Wolf', le loup
	das Renn'thier, le renne
	der Hirsch', le cerf
	fürcht'en, craindre [citoyen
	7. der Bürg'er, le bourgeois, le
	folg'en, suivre, obéir (*v. neutre*)
	das Gesetz', la loi
	  (setz'en, établir, instituer)
	die Elt'ern, les parents
	  (le père et la mère ;
	  alt', âgé ; *comparatif* ält'er)

Elt'ern; aber die Schül'er folg'en nicht im'mer den Lehr'ern und Auf'sehern. 8. Dieses Kind' lang'weilt sich : zeig'e ihm doch einige Bild'er. 9. Das Dach' dieses Haus'es ist schad'haft; der Schief'erdeck'er hat es schlecht' gedeckt'. 10. Zeig'et dem Schneid'er das Tuch', dem Schuh'mach'er das Led'er, und dem Schmied'e das Eis'en. 11. Schenk'e Keinem dein Vertrau'en, ohne ihn vorher' geprüft' und lang'e mit ihm gelebt' zu haben.

<table>
<tr><td>

aber, mais

8. sich lang'weilen, s'ennuyer
   (lang', long; die Weil'e, le
   temps)
doch, donc
einige, quelques
das Bild', l'image

9. das Dach', le toit
   (deck'en, couvrir. *Comp.* tectum
   de tego)
schad'haft, endommagé, en mau-
   vais état
   (der Schad'en, le dommage.
   V. § 59, IV)
der Schief'erdeck'er, le couvreur
   (der Schief'er, l'ardoise)

</td><td>

deck'en, couvrir
10. der Schneid'er, le tailleur
   (schneid'en, tailler. *V. fort*)
das Tuch', le drap
der Schuh'mach'er, le cordonnier
   (der Schuh, la chaussure, le
   soulier)
das Led'er, le cuir
11. schenk'en, accorder, donner
   (*pour rien*)
das Vertrau'en, la confiance
vorher', avant, auparavant
prüf'en, éprouver (*lat.* probare)
lang'e, longtemps
leb'en, vivre

</td></tr>
</table>

30. Thème écrit.

Le cordonnier a-t-il [s'est-il] acheté du cuir ? — Quel toit le couvreur a-t-il couvert ? celui-ci ou celui-là ? — Charles a acheté un ruban à sa sœur et un canif à son frère. — Donnez une règle, une plume et de l'encre à cet élève. — L'élève qui n'obéit pas à ses professeurs, mérite d'être puni. — Les renards et les loups, les rennes et les cerfs craignent les chasseurs. — Les toits de ces maisons sont couverts d' [avec, mit, *datif*] ar- doises. — Donnez le fusil et la poudre au chasseur, et l'épée à l'officier. — Mets tes amis à l'épreuve; n'ac-

corde pas ta confiance à tout le monde. — Travaille et
tu ne t'ennuieras pas.

31. Version parlée.

Der Ring', welch'en du am Fing'er haſt, iſt ſehr ſchön'.
— Der Tiſch'ler hat Tiſch'e und Lineal'e gemacht', und der
Bau'meiſter hat Häuſ'er gebaut'. — Dieſer Knab'e hat
kein Gedächt'niß und keine Luſt' et'was zu lern'en. — Sag'e
dem Freund'e deines Bru'ders, daß wir uns morg'en
baden (wer'den, 86, 1°). — Folg'e deinen Elt'ern und
deinen Lehr'ern; ſie freu'en ſich, wenn du fleiß'ig ar'bei=
teſt. — Die Büch'er, welch'e man' dir geſchickt' hat, ſind
gut': zeig'e ſie doch' deinem Lehr'er. — Lieb'e nicht' nur
deine Freund'e, liebe auch deine Feind'e. — Zeig'e mir
die Bild'er, welch'e du deinem Brüd'erchen gekauft' haſt.

32. Thème parlé *.

Qui (est-ce qui) craint le chasseur? Le renne et le
cerf, le loup et le renard. — Qui obéit à la loi? Le ci-
toyen. — Qui obéit à ses parents? L'enfant. — Qui
n'obéit pas toujours au professeur et au maître? L'élève.
— J'ai montré une image à cet enfant. — Quel toit est
endommagé? C'est celui-ci. — Quel couvreur a couvert
ce toit? Est-ce celui-ci ou celui-là ? — Cet enfant a un
ruban sur son chapeau. — Le toit de cette maison est
endommagé. — Le menuisier me fera une table, une
règle et un étui à plumes. — Nous avons envoyé de la
poudre et du plomb au chasseur, un casque et une
épée à l'officier.

* Il importe de faire dire aux élèves le pluriel de toutes les phrases
qui peuvent s'y mettre.

IX. Déclinaison forte du substantif.
Continuation.

Mêmes règles de construction.

33. Version écrite.

1. Schick'e diesen Rock' zum Schneid'er : es ist ein Loch in dem Ärm'el. 2. Schenk'e deinem Groß'vater ein Glas zu seinem Nam'enstag. 3. Folg'e dem Rath'e deiner Lehr'er, und du wirst zufried'en und glück'lich sein. 4. Die Berg'e in diesem Land'e sind hoch', die Flüss'e tief', die Bäch'e klar'. 5. Dieser Mann' hat uns'erm Koch'e Fisch'e gebracht'. 6. (Der) Mond' und (die) Stern'e leucht'en am Himm'el und spieg'eln sich in dem See'. 7. Die Zimm'er und Fenst'er dieses Schloss'es sind sehr hoch' und luft'ig,

1. schick'en, envoyer
   der Rock', l'habit
   das Loch', le trou
   der Aerm'el, la manche
      (der Arm', le bras)
2. zu, pour (datif)
   der Nam'enstag, la fête
      (der Nam'en, le nom
      der Tag', le jour)
3. der Rath', le conseil
   zu-fried'en, content
      (littér. en paix)
   glück'lich, heureux
4. der Berg', le mont, la mon-
      tagne
   das Land', le pays
   hoch', haut
   der Fluß', le fleuve, la rivière
      (fließ'en, couler; v. fort)
   tief', profond
   der Bach', le ruisseau (cours d'eau)
   klar', clair, limpide
5. der Koch', le cuisinier, Mar. le
      coq

der Fisch', le poisson
gebracht', part. pa. du v. irrég.
   bring'en, apporter
6. der Mond', la lune
   der Stern', l'étoile
   leucht'en, briller
      (das Licht', la lumière)
   am pour an dem; an', à
   der Himm'el, le ciel
   sich spieg'eln, se mirer, se re-
      fléter
      (der Spieg'el, le miroir, la
      glace; lat. speculum)
   der See, le lac
7. das Zimm'er, la chambre
   das Fenst'er, la fenêtre
   das Schloß', le château
      (schließ'en, fermer, clore; prét.
      schloß')
   luft'ig, bien aéré
      (die Luft', l'air)
   der Kell'er, la cave
      (comp. lat. cella et cellier)
   kühl', frais

die Kell'er tief' und kühl'. 8. Wer` hat Ihnen diesen Brief' geschrieb'en? Mein Va'ter hat' ihn mir geschrieb'en. 9. Ich mach'e heute dem Fräu'lein S. einen Besuch; sie ist' seit gest'ern wieder in Paris'. 10. Woll'en Sie meinem Onk'el dieses Buch' leih'en? Ich würd'e mir ein Vergnü'=gen daraus mach'en, allein es gehört' mir nicht.` 11. Sag'et dem Koch'e, daß wir heute Gäst'e haben, und frag'et ihn, ob wir genug Glä`ser, Mess'er, Löff'el und Tell'er haben. 12. Such'e Veil'chen in dem Busch'e und mach'e einen Kranz' daraus, wäh`rend ich' am Teich'e ang'eln wer`de.

8. der Brief', la lettre
   (*comp.* bref, brevet, etc.)
  geschrieb'en, *part. pa. du v. fort*
  schreib'en, écrire
   (*lat.* scribere)
9. das Fräu'lein, la demoiselle
   (die Frau, la femme)
  der Besuch', la visite
   (such'en, chercher)
  seit, depuis
  wieder, de nouveau, de retour
10. woll'en, vouloir (*v. irrég.*)
  leih'en, prêter (*v. fort*)
  das Vergnüg'en, le plaisir ; la sa-
   tisfaction
   (genug', assez [*lat.* satis])
  daraus, de cela, en
  allein, mais
  gehör'en, appartenir
   (*primit.* obéir ; hör'en, écou-
   ter)

11. sag'en, dire
  der Gast', l'hôte, le convive
  Gäste haben, avoir du monde à
   dîner
   (der Wirth', l'hôte *qui reçoit*)
  frag'en, demander, interroger
  ob, si (*dubitatif* : an, quin)
  der Löff'el, la cuiller
  der Tell'er, l'assiette
12. das Veil'=chen, la viol-ette
  der Busch, le buisson
   (*comp.* bosquet, bouquet, etc.)
  der Kranz', la couronne (de
   fleurs)
  wäh`rend, pendant que
   (wäh`ren, durer)
  am *pour* an dem (Uf'er), sur le
   (bord)
  der Teich', l'étang
  ang'eln, pêcher à la ligne
   (die Ang'el, la ligne)

34. Thème écrit.

J'ai fait une visite à mon oncle ; c'est aujourd'hui sa fête. — Le tailleur a-t-il rapporté mon habit ou ne l'a-t-il pas encore fait ? — Les poissons vivent dans les rivières, (dans les) ruisseaux et (dans les) étangs. — Ap- porte-moi un canif, une règle, du papier et de la poudre. — As-tu envoyé le cuir au cordonnier, et le drap au tailleur ? — Que donneras-tu à ton père pour sa fête ? Je lui donnerai un livre. — Le vin est frais parce que la cave est profonde. — Les glaces et les fénêtres de cette chambre sont toujours propres et claires. — Les enfants qui n'aiment pas leurs parents ne sont pas aimés de Dieu.

35. Version parlée.

Was leucht'et am Himm'el? Der Mond' und die Stern'e. — Was spieg'elt sich in dem See'? Das Schloß' und die Häus'er. — Wem hast du das Buch' gelieh'en? Deinem Onk'el. — Welch'en Rath' hat der Va'ter seinem Sohn'e gegeb'en? Er sag'te ihm : Sei fleiß'ig und auf'merksam, lieb'e deine Elt'ern und deine Lehr'er. — Wem hast du das Lineal' gebracht' ? Ich habe es meinem Bru'der gebracht'. — Was wird Karl' seinem Groß'vater zum Nam'enstage schenk'en? Er wird ihm ein Buch' schenk'en. — Wen liebt' Gott' nicht? Die Kind'er, welch'e ihren Elt'ern Kumm'er mach'en. — Wer' hat uns'erm Koch' Fisch'e gebracht'? Der Fisch'er. — Haben die Schül'er ihre Lection' gut' gelernt'? Ja, der Lehr'er ist mit ihnen zufried'en.

36. Thème parlé.

Le professeur t'a-t-il interrogé et a-t-il été content de toi? — Apporte-moi une assiette, un verre, un couteau et une cuiller. — Cette chambre est-elle aérée et fraîche? — Écris une lettre à ton père ; cela lui fera plaisir. — As-tu envoyé un livre à ton ami? Oui, je lui (en) ai envoyé un. — As-tu été sur cette montagne ?— T'es-tu baigné dans cette rivière ? — Le pêcheur est-il sur le lac? Non, il est dans sa maison. — Le cuisinier a acheté un poisson que le pêcheur a pêché dans l'étang. — L'élève qui cause n'est pas aimé de son professeur.

| X. Déclinaison forte du substantif. Exceptions (§ 16,17). | Mêmes régles de construction. |

37. Version écrite.

1. Der Bau'er pflügt' seinen Ack'er, und lebt' in Ruh'e und Fried'en. **2.** Der Schmied' schmied'et das Eis'en mit dem Hamm'er, daß die Funk'en umher' sprüh'en; er macht' Schuh'nä`gel auf seinem Am'boß. **3.** Der Schä`fer und sein Hund' bewach'en die Schaf'e und Lämm'er; die Häh`ne beschütz'en die Hühn'er. **4.** Die Bäum'e in diesem Wald'e wer`den in einem Mon'at grün' sein. **5.** Das Dampf'schiff' (*ou* Dampf'boot) rauscht' durch den Strom'; die Fisch'er=käh`ne tanz'en auf den Well'en. **6.** Die Werk'e Gott'es sind groß und wund'erbar; sie erfüll'en das Herz' des Mensch'en

1. der Bau'er, le paysan
   (bau'en, cultiver, bâtir)
   pflüg'en, labourer
   der Ack'er, le champ (*lat.* ager)
   leb'en, vivre
   die Ruh'e, la tranquillité
   der Fried'e(n), la paix
2. mit, avec (*dat.*)
   der Hamm'er, le marteau
   der Funk'e(n), l'étincelle
   umher`, çà et là
   sprüh'en, jaillir
   der Schuh'nagel, la caboche
   (der Nag'el, le clou)
   der Am'boß, l'enclume
3. der Schä`fer, le berger
   der Hund', le chien
   be-wach'en, surveiller, garder
   (wach'en, veiller)
   Au sujet des verbes commençant
   par un des préfixes inséparables
   be, ge, emp, ent, er, ver, zer,
   v. § 44, vers la fin.
   das Schaf', la brebis

   das Lamm', l'agneau
   der Hahn', le coq
   be-schütz'en, protéger (*v. insép.*)
   das Huhn', la poule
4. der Wald', la forêt
   der Mon'at, le mois
   grün', vert
5. das Dampf'schiff'   } le bateau
   das Dampf'boot'   } à
p. abrév. der Dampf'er) vapeur
   (der Dampf', la vapeur
   das Schiff', l'esquif, le navire
   das Boot', le bateau)
   rausch'en, bruire, passer (en mugissant)
   durch, par, à travers (*acc.*)
   der Strom', le fleuve
   der Kahn', le canot, la barque
   tanz'en, danser
   die Well'e, la vague
6. das Werk', l'œuvre
   wund'erbar, merveilleux
   er-füll'en, remplir (*v. insép.*)
   das Herz', le cœur

mit Bewund'erung. 7. Wir sind Söhn'e desselb'en Va'ters im Himm'el : jeder Mensch' ist al'so uns'er Bru'der. 8. Uns'er Leib' vergeht', aber nicht' uns'ere Seel'e, denn diese ist ein Strahl' der Gott'heit. 9. Das Herz' des Mann'es ist ein Fels', an dem der Schmerz', wie die Well'en an Klipp'en scheit'ert. 10. Dieser Thurm' ist' zwei hund'ert Fuß' hoch'; er liegt' am Uf'er eines Sees', auf dem all'erlei Waff'ervögel spiel'en.

die Bewund'erung, l'admiration	scheit'ern, se briser (*v. neutre qui forme ses temps passés avec* sein)
7. im *pour in* dem	
der Himm'el, le ciel	10. der Thurm', la tour
al'so, donc	zwei hund'ert, deux cents
8. der Leib', le corps	der Fuß', le pied (*comp.* πούς, pes; *v.* § 73, 4°).
ver-gehen, passer, périr (*v. irr.*)	hoch', haut
aber, mais	lieg'en, être situé (*comme en lat.* jacere)
die Seel'e, l'âme	das Uf'er, le bord (v. § 60, V)
denn, car	all'erlei, toutes sortes (*indéclinable*)
der Strahl', le rayon	
die Gott'heit, la Divinité	der Waff'ervogel, l'oiseau aquatique
9. der Fels', le rocher	spiel'en, (se) jouer
an, à, contre (*dat. acc.*)	
der Schmerz', la douleur	
die Klipp'e, l'écueil	

38. Thème écrit.

Les arbres sur le bord de ce lac sont toujours verts. — Les marteaux avec lesquels les forgerons forgent le fer sont pesants. — Cet enfant a une brebis et un agneau, et un petit chien (*diminutif*) pour les garder. — Deux bateaux à vapeur ont échoué contre des rochers ou des écueils. — Dieu se réjouit quand les hommes s'aiment comme des frères. — Les rayons de la lune se réfléchissent dans les ondes du lac et nous montrent les bateaux des pêcheurs. — Les œuvres de Dieu sont si (so) belles qu'elles remplissent nos cœurs d'admiration et de plaisir.

39. Version parlée.

Wer` schmied'et das Eis'en? Der Schmied'. — Worauf schmied'et er` es? Auf dem Am'boß. — Und womit'? Mit dem Hamm'er. — Was macht' er`? Er schmied'et Nä`gel. — Vergeht' uns'er Leib'? Ja. — Vergeht' uns'ere Seel'e auch? Nein. — Woran' scheit'ern die Schiff'e? An' Fels'en und Klipp'en. — Was rauscht' durch den Strom'? Ein Dampf'schiff'. — Was tanzt' auf den Well'en? Ein Fisch'erkahn. — Wie hoch' ist dieser Thurm'? Er ist zwei hund'ert Fuß' hoch'. — Liegt' er` nicht am Uf'er eines Sees'? Ja wohl. — Wer` bewacht' die Schaf'e? Der Schä`fer. — Und wer` noch? Sein Hund'.

40. Thème parlé.

Notre père dans le ciel aime les hommes. — Notre corps et notre âme ont leurs douleurs. — Les arbres dans ces forêts ne sont pas encore verts. — Les barques des pêcheurs ont échoué contre des écueils. — Les paysans labourent leurs champs, les bergers gardent leurs brebis, et les chiens protégent les bergers, les brebis et les agneaux. — L'âme de l'homme est un rayon de la Divinité ; elle ne périt point. — Les renards vivent dans les tanières *; ils sont les ennemis des coqs et des poules. — Donnez au cuisinier les poissons que le pêcheur a apportés. — Demandez à cette jeune fille si (ob') son frère lui a écrit une lettre.

* La tanière, die Höhl'e.

| XI. Déclinaison faible du substan-
tif (§ 14). | Inversion (§ 69)*
Phrases conséquentes : |

         Wenn ich Gelb' hät'te, so ** **würb'e ich das Haus' kauf'en**
littér. Si   je argent eusse, alors irais-je   la maison acheter.

    ou bien :   **Hät'te ich Gelb', so...**

    littér.   Eussé-je argent ***, alors...

    c.-à.-d.   Si j'avais de l'argent, j'achèterais la maison.

41. Version écrite.

1. Wenn der Früh'ling sehr trock'en ist, so vermehr'en sich die Raup'en und fress'en die Blüth'en, die Blätt'er und die Rind'en der Pflanz'en und der Bäum'e. 2. Ist der Löw'e

1. wenn, quand, lorsque; si	*animaux.* (V. fort)
der Früh'ling, le printemps	die Blüthe, la fleur, la floraison
(früh, de bonne heure)	(blüh'en, fleurir)
trock'en, sec	das Blatt', la feuille
sich vermehr'en, se multiplier	die Rind'e, l'écorce
(mehr', plus)	die Pflanz'e, la plante
die Raup'e, la chenille	2. der Löw'e, le lion
fress'en, manger *en parl. des*	satt', rassasié (*lat.* sat-is)

RÉSUMÉ DES RÈGLES DE LA CONSTRUCTION.

1º Toute proposition principale, commençant par le sujet, suit la construction directe.

2º Dans toute proposition subordonnée, le verbe est rejeté à la fin de la phrase.

3º *Dans tous les autres cas*, il y a inversion, comme dans les phrases interrogatives (V. pl. h. III), c'est-à-dire que le sujet se met après le verbe.

** Le petit mot **so** se place ordinairement au commencement de la phrase conséquente, pour mieux la relier à la phrase précédente. — On voit que la proposition subordonnée précède la proposition principale.

*** Cette tournure se rencontre aussi quelquefois en français : Eût-il tout l'argent du monde, il ne serait pas heureux; pour : S'il avait tout l'argent, etc.

satt', und reizt' man ihn nicht, so hat' man nichts' von ihm zu fürcht'en. 3. Wenn du deine Schwest'er wirk'lich lieb'test, so würd'est du ihr diese Tass'e und diese Gab'el schenk'en. 4. Hätt'e ich ein Mess'er, so würd'e ich dir diese Birn'en schä'len. 5. Wenn die Philosoph'en sich nicht im'mer zank'ten, und die Theolog'en stets einer Mein'ung wä'ren, so würd'e die Mensch'heit glück'lich sein. 6. Wenn die Student'en fleiß'ig wä'ren, so würd'en sie in ihren Vor'lesungen mehr Vergnüg'en haben; und wenn die Schül'er nicht in der Klass'e plaud'erten, so würd'en sie mehr lern'en. 7. Liebst' du den Witz' und die Tapf'erkeit der Franzos'en, so lieb'e auch die Treu'e und Auf'rich'tig=keit der Schwed'en. 8. Wie die Ros'e die Kön'igin der Blum'en ist, so ist die Nacht'igall' die Kön'igin der Sing'=vögel.

reiz'en, irriter
von, de (*dat.*)
fürcht'en, craindre
3. wirk'lich, réel (lement)
die Tass'e, la tasse
die Gab'el, la fourchette
schenk'en, donner (*faire pré-sent*)
4. die Birn'e, la poire
schä'len, peler
5. sich zank'en, se quereller
stets, toujours
die Mein'ung, l'opinion, l'avis
die Mensch'heit, l'humanité
6. der Student', l'étudiant
die Vor'lesung, le cours (*de droit*, etc.)
(lesen, lire, *v. fort; lat.* legere)
die Klass'e, la classe
7. der Witz', l'esprit (naturel)
die Tapf'erkeit, le courage (militaire)
der Franzos'e, le Français
die Treu'e, la fidélité (trau'en, *v. n.* se fier)
die Auf'rich'tigkeit, la sincérité, la droiture (recht', droit)
der Schwed'e, le Suédois
8. wie, de même que
die Ros'e, la rose
die Kön'igin, la reine (*V.* § 57, 10)
die Blum'e, la fleur (Comp. Blüth'e)
so, *corrélatif de* wie, de même
die Nacht'igall', le rossignol (die Nacht', la nuit gell'en, retentir)
der Sing'vogel, l'oiseau de **chant** (sing'en, chanter, *v. fort*)

42. Thème écrit.

Si tu aimes réellement ta mère, fais-lui plaisir par ton application. — Si les hommes étaient toujours du même avis, ils auraient plus de plaisir sur cette terre. — Si j'avais eu assez d'argent, j'aurais acheté ces plantes et ces fleurs. — Si nous n'étions pas si fatigués, nous irions avec vous au [dans le] bois. — Si les hommes cherchaient sincèrement la vérité, ils ne se querelleraient pas toujours. — Si ces plumes de fer sont trop dures, écris ton devoir avec une plume d'oie. — Si tu apprends bien cette fable, tu ne seras pas puni par le professeur. — Si tu me donnes ce livre, je te donnerai [donne] cette tasse.

43. Version parlée.

Die Katholik'en und die Protestant'en haben in dieser Stadt' nur eine Kirch'e. — Der Sohn' meines Advokat'en hat mir gest'ern einen Besuch' gemacht'. — Die Astrono'=men sag'en, daß' sie einen Komet'en am Himm'el geseh'en haben. — Wenn du einen Freund hast, so schenk'e ihm dein Vertrau'en. — Wenn du kein Gedächt'niß hast, so wirst du nicht deutsch' lern'en. — Wenn die Fenst'er nicht so rein' wä`ren, würd'e dieses Zimm'er nicht so hell' sein. — Wenn du deinem Va'ter et'was zu seinem Nam'enstage schenkst', so sag'e es mir : ich habe auch et'was für ihn. — Wenn die Schül'er auf'merk'sam sind, und dem Rath'e ihrer Lehr'er folg'en, so lang'weilen sie sich nicht in der Klass'e. — Zankst' du dich mit deinen Kamerad'en, so wirst du nicht von ihnen geliebt' wer`den.

44. Thème parlé.

Si j'avais de l'argent, j'achèterais des couteaux, des fourchettes, des verres et des tasses. — Quand il pleut beaucoup au printemps, les chenilles ne se multiplient pas. — Si tu irrites ton ennemi, tu as tout à craindre de lui. — Quand tu manifestes une opinion, ne te querelle pas avec des amis qui (en) ont une autre. — Quand l'air est humide, la verdure des plantes est plus fraîche. — Les catholiques, les protestants et les israélites aiment et craignent Dieu. — Si cette demoiselle avait du papier, une plume et de l'encre, elle écrirait une lettre à son amie. — Quand les élèves ne travaillent pas bien, le professeur (les en) blâme et les punit. — Si vous le désirez, je vous prêterai cet ouvrage : il vous remplira d'admiration.

XII. Déclinaison faible du sub-stantif. Exceptions. Substantifs féminins qui suivent la forte au pluriel	Inversion (§ 69). Phrases intercalées :

Mein Ba'ter, fagt' man, will' bas Haus' kauf'en.

littér. Mon père, dit-on, veut la maison acheter.

Le pronom **es** comme sujet grammatical :

Es freut' sich mein Ba'ter,

pour : Mein Ba'ter freut' sich.

Mon père réjouit soi.

45. Version écrite.

1. Sag'e stets bie Wahr'heit, und such'e keine Aus'=flücht'e, so wird Jed'ermann' dich acht'en; aber nicht Jeder, mein'e ich, wird dich auch lieb'en. 2. Es hat'te ein Bau'er eine Eich'e mit ber Art' gefällt. „Jetzt seh'e ich

1. bie Aus'flucht', le subterfuge	bie Eich'e, le chêne
acht'en, estimer	bie Art', la hache, la cognée
mein'en, penser	fäll'en, abattre (§ 56, I)
auch, aussi, en même temps	jetzt, maintenant
2. ber Bau'er, le paysan	seh'en, voir (*v. fort*)

erſt, wie groß' ſie war,'' ſag'te er'. 3. Die Mäuſ'e freſſ'en Brod', Mehl', Nüſſ'e und Würſt'e, und die Katz'en freſſ'en die Mäuſ'e. 4. Man macht' Schuh'e aus den Häut'en der Küh'e und Kälb'er. 5. Der Knab'e ar'beitete mit Händ'en und Füß'en, um ſich aus dem Waſſ'er zu rett'en. Zur Hülf'e! ſchrie' er voll Angſt', oder ich ertrink'e. 6. Künſt'e und Wiſſ'enſchaft'en wer'den gewöhn'lich nur in den Städ'ten geübt'. 7. Die Kennt'niſſe, die man in der Schul'e erlangt', ſind in der Stadt' und auf dem Dorf'e gleich nütz'lich.

<table>
<tr><td>

erſt, seulement
wie, combien
3. die Maus', la souris
 das Mehl', la farine
  (mahl'en, moudre. *Comp.* μόλλειν,
  molere).
 die Nuß', la noix (*lat.* nux)
 die Wurſt', la saucisse
 die Katz'e, le chat
4. die Haut', la peau
 die Kuh', la vache
 das Kalb', le veau
5. die Hand', la main
 das Waſſ'er, l'eau
 rett'en, sauver
 die Hülf'e, le secours
  (helf'en, secourir, *v. n. fort*)
ſchrie, *prét. ind. du v. fort*

</td><td>

ſchrei'en, crier
voll, plein
die Angſt', l'anxiété
ertrink'en, se noyer (*V.* § 58, III, 3)
6. die Kunſt', l'art
  (könn'en, pouvoir, savoir; *v. irr.*)
 die Wiſſ'enſchaft', la science
  (wiſſ'en, savoir; *v. irr.*)
 die Stadt', la ville
 üb'en, exercer
7. die Kennt'niß, la connaissance
  (kenn'en, connaître, *v. irr.*)
 erlang'en, acquérir
 das Dorf', le village
 gleich, également
 nütz'lich, utile

</td></tr>
</table>

46. Thème écrit.

Travaille ! te dis-je, et Dieu t'aidera. — Celui qui dit toujours la vérité est estimé de tout le monde. — Acquiers des connaissances à l'école, disait un père à (ʒu, *dat.*) son fils, et ne cherche pas de subterfuges pour ne rien apprendre. — Exercez-vous dans les sciences et (dans les) arts, si vous voulez devenir utile à votre pays, disait le proviseur à un élève. — Ce paysan sera content quand il aura abattu ce chêne qui est le roi de nos forêts. — La peau des vaches et des veaux est très-utile; celle des chats et des souris l'est beaucoup moins. — Les mères aiment ordinairement leurs filles, mais les filles n'aiment pas toujours leurs mères.

47. Version parlée.

Die Student'en üb'en fich in ben Künft'en unb Wiff'en= fchaft'en, um ihrem Va'terlanb'e nüh'lich zu wer'ben. — Wie groß' war bie Eiche! fag'te ber Bau'er, alß er`fie mit ber Art' gefällt' hat'te. — Die Kah'en lieb'en bie Mäufe nicht, unb bie Mäufe fürcht'en bie Kah'en. — Waß freff'en bie Mäuf'e? frag'e ich. Sie freff'en Brob' unb Mehl'. Unb waß noch? Nüff'e unb Würft'e. — Waß macht' man auß ben Häut'en ber Küh'e unb Kälb'er? Man macht' Schuh'e barauß. — Sag'e mir : wer` hat ben Knab'en auß bem Waff'er gerett'et? Ein Solbat'. — Wer` im'mer gefunb' ift, fag'e ich, ber` ift glück'lich. — Wenn ber Reich'thum glück'lich mach'te, fag'te mein Bru'ber, fo wä're unf'er O'heim glück'lich; aber er` ift nie zufrieb'en, weil er` im'mer frank' ift.

48. Thème parlé.

L'homme qui a sauvé les deux enfants de l'eau est, dit-on, un soldat. — Les cognées avec lesquelles on abat les arbres sont très-lourdes. — Pourquoi n'estime-t-on pas cet élève? C'est un paresseux qui fait mal ses devoirs, (qui) n'apprend pas ses leçons et (qui) cause en classe. — Pourquoi cet élève est-il aimé de ses professeurs? Parce qu'il est laborieux, (qu'il) fait bien ses devoirs, (qu'il) apprend ses leçons et (qu'il) acquiert des connaissances. — Au secours! cria le berger, il y a [ce sont] des loups dans le bois, ils vont manger mes brebis et mes agneaux. — La peau de cette vache est bonne pour faire des souliers. — Les arts et les sciences sont utiles à tout le monde, à la ville comme à la campagne.

XIII. Déclinaison mixte du substantif (§ 15). | Inversion.

Phrases commençant par un régime direct ou indirect (§ 69) :

Ein Haus' kauft' mein Va'ter.
(C'est) une maison (que) achète mon père.

Meinem Bru'der kauft' mein Va'ter ein Haus'.
(C'est) à mon frère (que) achète mon père une maison.

49. Version écrite *.

1. Zwei Aug'en, zwei Ohr'en und zwei Händ'e, aber nur einen Mund' hat Gott' dem Mensch'en gegeb'en. 2. Dich' nicht haff'e ich; nicht du bist mein Feind' : das' sagt' mir mein Herz'. 3. Seiner Leid'en und Schmerz'en braucht' sich der` nicht zu schä`men, der` sie nicht ver= schuld'et hat. 4. Die Gymnasial'studien sind ein Capital' das nie verlor'en geht' und im'mer Zins'en bringt'. 5. Diesen

1. zwei, deux	(die Schuld', la faute)
das Aug'e, l'œil	4. Gymnasial'... (*en compos.*) de
das Ohr', l'oreille	collége
der Mund', la bouche	das Stud'ium, l'étude
gegeb'en, *part. pas. du v. fort*	verlor'en geh'en, se perdre (*idio-*
geb'en, donner	*tisme*)
3. das Leid', la souffrance	(verlor'en, *part. pa. de ver-*
brauch'en, avoir besoin (*v. act.*)	lier'en, perdre
sich schä`men, être honteux, rougir (de)	geh'en, aller [*v. irr.*])
verschuld'en, attirer par sa faute	bring'en, rapporter (*v. irrég.*)
	die Zins'en, les intérêts

* La sévérité de la langue française contre presque toutes les inversions ne permet pas toujours de reproduire fidèlement l'allure franche et originale de la phrase allemande. Il importe que l'élève s'efforce de triompher de cette difficulté, et qu'il évite, *autant que possible*, la construction analytique.

Profeff'or beſchäft'igt das Stub'ium der Mineral'ien und Foſſil'ien; jenen das' der Inſekt'en, beſonb'ers der Schmett'erling'e. 6. Ein Bett', Kleib'ungsſtück'e, Hemb'en, Stief'eln und Pantoff'eln braucht' ein Jeber; Juwel'en, Zier'rathen von Golb' und Silb'er ſind aber nicht zum Leb'en nöth'ig. 7. Regal'ien beſitz'en nur Kön'ige und Staat'en; all'e Leiſt'ungen und Dienſt'e der Unt'erthanen für das gemein'e Weſ'en wer'ben dazu gerech'net.

5. beſchäft'igen, occuper
 das Mineral', le minéral
 das Foſſil', le fossile
 das Inſekt', l'insecte
 beſonb'ers, particuliérement
  (ſonb'ern, séparer, particula-
  riser)
 der Schmetterling', le papillon
6. das Bett', le lit
 das Kleib'ungsſtück', la pièce de
  vêtement
 das Hemb', la chemise
 der Stief'el, la botte
 der Pantoff'el, la pantoufle
 das Juwel', le joyau
 der Zier'rath, l'ornement
 das Golb', l'or
 das Silb'er, l'argent (*métal*)
 das Leb'en, la vie

nöth'ig, nécessaire
7. das Regal', la régale, le droit
 régalien.
 be-ſitz'en, posséder (V. § 58, 1°)
 der Staat, l'état (*l'empire*)
 die Leiſt'ung, la prestation
  (leiſt'en, prêter [secours, etc.])
 der Dienſt', le service
  (bien'en, servir [*v. neutre*])
 der Unt'erthan, le sujet (*d'un
 prince*). (*Formé comme* subjec-
 tus [potestati alicujus], *d'où*
 sujet).
das gemein'e Weſ'en, la chose
 publique (*lat.* res publica)
dazu, à cela, y
rech'nen, compter, (y) comprendre (V. p. 6, n° 5)

50. Thème écrit.

(C'est) un chêne (que) les paysans ont abattu avec leurs haches. — (C'est) à ma mère (que) j'ai donné ces verres et (ces) tasses pour sa fête. — (Pour) des joyaux, il (en) achète; mais de livres, point. — (Quant à) des vêtements, des chemises et des bottes, nos soldats n'(en) ont plus; mais (pour) de la poudre et du plomb, ils (en) ont encore. — (C'est) à l'État (qu')appartiennent les rivières; les sujets n'ont pas de droits régaliens. — (C'est) à l'officier (que) j'ai donné le casque et l'épée, et (non) pas au soldat. — Les connaissances que tu as acquises à [dans] l'école, tu (les) possèdes : elles t'appartiendront toujours [elles sont toujours tiennes].

51. Version parlée.

Gold' und Silb'er hat' er`, Kennt'niſſe aber hat' er` nicht. — Mineral'ien und Foſſil'ien ſucht' mein Bru'der in der Er`de, wäh`rend ich' nach Raup'en und Schmett'erling'en ſuch'e. — Dieſen Schül'er hat der Lehr'er geſtraft', weil er` ſeine Auf'gabe nicht gemacht' hat'te. — Einen Mann' ohne Muth', ein Weib' ohne Tug'end acht'et kein Menſch'. — Meinem Va'ter habe ich dieſe Büch'er geſchenkt', nicht' meinem Bru'der. — Käh`ne und Böt'e habe ich oft auf dem Waſſ'er geſeh'en, aber keine Dampf'ſchiff'e. — Eine Kirch'e hat man in dieſem Dorf'e gebaut', nicht' eine Schul'e.

52. Thème parlé.

Pourquoi Dieu a-t-il donné à l'homme deux yeux, deux oreilles, deux mains, et seulement une bouche ? Parce que l'homme doit (ſoll') plus voir et entendre que parler, et plus travailler que manger. — Les ornements de cette église, on (les) a achetés à Paris. — Ces bottes et (ces) souliers, on (les) a faits avec les peaux de nos vaches et (de nos) veaux. — Cet homme est très-malheureux : il vivait de ses rentes, et il a perdu son capital. — (Pour) du papier et de l'encre, j'(en) ai, mais je n'ai pas de plume de fer. — Des richesses, je n'(en) ai pas besoin; je suis déjà content quand je suis en bonne santé [sain].

XIV. Exercice général sur la dé- | Inversion (§ 69)
clinaison du substantif. |

Phrases commençant par un adjectif attributif, par un adverbe, **par**
une locution adverbiale ou par une proposition subordonnée.

> Schön' ist das Haus', aber nicht groß'.

littér.   Belle   est la maison, mais pas grande.

c.-à.-d. Elle est belle, la maison, mais elle n'est pas grande.

> Morg'en will' mein Vat'er das Haus' kauf'en.

littér. Demain veut mon père   la maison acheter.

c.-à.-d. C'est demain que mon père veut acheter la maison.

> Vor   ein'iger Zeit' kauf'te mein Va'ter ein Haus'.

littér. Avant quelque temps acheta mon père   une maison.

c.-à-.d. Il y a quelque temps mon père acheta une maison.

53. Version écrite.

1. Groß' ist der Held' im Kampf'e für das Va'terland'.
2. Im Wint'er blitzt' und donn'ert es selt'en; im Somm'er
aber sind die Gewitt'er sehr häuf'ig. **3.** Fern' von der
Ar'beit der Knecht'e, ergötz'te den Ritt'er, wenn er` auf
seiner Burg' hauf'te, die Lust' der Jagd', ein Trink'gelag
und der Gesang' der Minn'esäng'er. **4.** Auf dem Gipf'el der

1. der Held', le héros	der Ritt'er, le chevalier
im *pour in* dem (§ 70, 4°)	(reit'en, *prét.* ritt', aller à
der Kampf', le combat	cheval)
für, pour (*acc.*)	die Burg', le château, le castel
2. der Wint'er, l'hiver	(berg'en, abriter, *v. fort*)
selt'en, rarement	hauf'en, demeurer
der Somm'er, l'été	die Lust', le plaisir
das Gewitt'er, l'orage	die Jagd', la chasse
häufig, fréquent	das Trink'gelag, le banquet
(der Haufen, l'amas)	der Gesang', le chant
3. fern', loin	(sing'en, chanter; *v. fort*)
der Knecht', le valet	der Minn'esäng'er, le ménestrel
ergötz'en, réjouir	(die Minn'e, l'amour)

Alp'en leb'en Thier'e, die man Mur'melthiere nennt'. Wäh`rend der Zeit', wo die Berg'e mit Schnee' bedeckt' sind, schlafen sie in ihren Höhl'en. 5. Oft ernt'et man in der Schweiz' auf der Süd'seite eines Berg'es und fä`et zugleich' auf der Nord'seite desselb'en. 6. Tief' habe ich den Verlust' uns'ers Freundes gefühlt; ew'ig wird sein An'denk'en in meinem Herz'en leb'en.

4. der Gipf'el, le sommet .
 die Alp'en, les Alpes
 das Mur'melthier, la marmotte
 nenn'en, nommer (*v. irr.*)
 wäh`rend, durant, pendant (*gén.*)
  (wäh`r'en, durer)
 die Zeit', le temps (*tempus*)
 der Schnee', la neige
 be-deck'en, couvrir
 schlaf'en, dormir (*v. fort*)
 die Höhl'e, le terrier
  (hohl', creux)
5. ernt'en, récolter
 die Schweiz', la Suisse

auf, sur (*dat. acc.*)
 die Süd'seite, le côté, le versant
  méridional
 fä`en, semer
 zugleich', en même temps
6. tief', profondément
 der Verlust', la perte
  (verlier'en, perdre ; *v. fort*)
 fühl'en, sentir
 ew'ig, éternellement, toujours
  (*Compar.* ævum, αἰών)
 das An'denk'en, la mémoire, le
  souvenir
 das Herz', le cœur

54. Thème écrit.

(Elle) serait heureuse, l'humanité, si les théologiens et les philosophes étaient toujours du même avis. — Ordinairement on appelle le lion le roi des animaux. — Au printemps on entend, dans les bois, le chant du rossignol. — Sur le sommet des montagnes il fait toujours froid. — En hiver, les marmottes dorment dans leurs terriers. — (C'est) dans mon cœur (que) vit éternellement le souvenir de mon ami. — (C'est) dans les arts et (dans les) sciences (qu')on doit (muß') s'exercer, si l'on veut devenir utile à son pays. — (C'est) sur le bord d'un lac (qu')est situé le château de mon oncle.

55. Version parlée.

Geſt'ern haben Sie das Führ'ungsbuch geſucht', und heute Jhre Lection' nicht gelernt' : Schül'er wie Sie muß' der Lehr'er ſtraf'en. — Es iſt ein Gewitt'er in der Luft'; bald' wird es bliz'en, donn'ern und reg'nen. — Jm Wint'er ergötzt' mich die Jagd'; im Früh'ling ſuch'e ich Veil'chen in den Büſch'en; im Somm'er bad'e ich mich im Fluſſ'e; im Herbſt'e ſchütt'le ich Birn'en von den Bäum'en in unſ'erm Gart'en. — Auf der einen Seit'e des Berg'es ſä'et, und auf der and'ern ernt'et man. — Jn unſ'erm Herz'en lebt' ſtets die Bewund'erung der Werk'e Gott'es. — Heute mach'e ich dem Fräu'lein S. einen Beſuch'; ſie iſt ſeit geſt'ern wieder in der Stadt'. — Vor einigen Tag'en habe ich mich gebad'et, das Waſſ'er war aber noch ſehr kalt'.

56. Thème parlé.

Elle est belle la rose, cette reine des fleurs, mais le roi des oiseaux de chant, le rossignol, n'est pas beau. — Il y a quelques jours j'ai vu de la neige sur le sommet des montagnes. — Depuis longtemps mon cœur me dit que tu es mon ami. — Souvent les loups mangent les brebis et les agneaux. — Avec (aus) des bottes on fait facilement des pantoufles. — Jamais on n'estime un homme qui cherche des subterfuges et ne dit pas la vérité. — Dans ces ruisseaux et (dans ces) étangs il y a beaucoup de poissons et d'oiseaux aquatiques. — Dans ce château vivait un chevalier qui n'aimait que la chasse et (les) banquets. — En Suisse il y a des animaux qu'on appelle marmottes et qui, pendant l'hiver, dorment dans leurs terriers.

XV. Déclinaison de l'adjectif | Inversion :
(§ 19).

Place de l'Infinitif et des Participes.

Ein Hauſ' kauf'en, kauf'end, gekauft' hab'en.
Une maison acheter, achetant, acheté avoir.

Mein Va'ter, über dieſe Nach'richt' erfreut'.
Mon père, de cette nouvelle réjoui

ou Mein Va'ter, erfreut' über dieſe Nach'richt'

NB. L'infinitif ne se met à la tête d'une proposition que lorsqu'il est pris substantivement ou dans un sens emphatique ; le participe présent, d'ailleurs peu usité, ne s'y rencontre que dans des tournures exceptionnelles ; le participe passé se met *ordinairement* à la fin.

57. Version écrite.

1. Gut'e Büch'er leſ'en, erleucht'et den Geiſt' und bild'et das Herz'. 2. Die Sach'en ſeh'en, wie ſie ſind, und ſie nach ihrem wahren Wer'the ſchätz'en, macht' den Menſch'en, wo nicht glück'lich, doch ruh'ig. 3. Von ſeinen Kind'ern und Enk'eln geliebt', von Jed'ermann' geacht'et und geehrt', lebt' dieſer Greiſ' glück'liche Tag'e im Kreiſ'e ſeiner Fami'lie. 4. Sich bei Wid'erwärt'igkeiten der Verzweif'lung überlaſſ'en,

1. leſ'en, lire (v. *fort. Comp.* legere)
erleucht'en, éclairer
   (das Licht', la lumière)
der Geiſt', l'esprit
bild'en, former
2. die Sach'e, la chose
ſeh'en, voir (v. *fort*)
wie, comme
der Werth', la valeur
ſchätz'en, estimer, apprécier
mach'en, rendre (faire)

wo nicht, sinon
doch, du moins
ruh'ig, tranquille, calme
   (ruh'en, reposer)
3. der Enk'el, le petit-fils
acht'en, estimer
ehr'en, honorer
der Greiſ', le vieillard
der Kreiſ', le cercle
4. bei, dans (*dat.*)
die Wid'erwärt'igkeit, l'adversité
die Verzweif'lung, le désespoir

ift nur klein'müthigen Seel'en eig'en; ſtark'e wiſſ'en die Verfolg'ungen des Schick'ſals zu überwind'en. 5. Sein Wort' halt'en und ſeine Pflicht'en erfüll'en, das' muß' jeder recht'ſchaff'ene Mann'. 6. Schad'en kann Jeder, aber nütz'en nur der Weiſe und Gut'e. 7. Die Thür' öff'nete ſich, und die Kind'er nah'ten ſich, tanz'end und ſpring'end, mit Blum'en in den Händ'en.

<table>
<tr><td>

(verzwei'feln, désespérer
zwei'feln, douter
der Zwei'fel, le doute
zwei, deux
Comp. duo, dubium, dubi-
    tare)
ſich überlaſſ'en, s'abandonner
klein'müthig, pusillanime
    (der Muth', le sentiment)
die Seel'e, l'âme
eig'en, propre (particulier)
wiſſ'en, savoir (*v. irrég.*)
die Verfolg'ung, la persécution
    (ver-folgen, pour-suivre
    lat. per-sequi)
das Schick'ſal, le destin, le sort
überwind'en, vaincre, triompher
    de (*v. fort insép.*)

</td><td>

5. das Wort', la parole
   halt'en, tenir (*v. fort*)
   die Pflicht', le devoir
   er-füll'en, remplir
   recht'ſchaff'en, honnête
     (recht', juste, bien
     ſchaff'en, faire, agir)
6. ſchad'en, nuire
   kann, 3⁰ p. pr. ind. *du v. irr.*
     könn'en, pouvoir
   nütz'en, être *ou* se rendre utile
   weiſ'e, sage
7. die Thür', la porte (θύρα)
   öff'nen, ouvrir
   ſich nah'en, s'approcher
     (nah, proche; nach, après)
   tanz'en, danser
   ſpring'en, sauter (*v. fort*)

</td></tr>
</table>

58. Thème écrit.

Avoir des yeux et ne pas voir, avoir des oreilles et ne pas entendre, c'est le propre des élèves paresseux. — Poursuivre dans les bois les bêtes féroces, c'est là [cela est] le plaisir d'un chasseur courageux. — Chercher des violettes dans les buissons et en faire des couronnes est un grand plaisir pour (les) jeunes garçons et (les jeunes) filles. — Chéri de ses amis, estimé même de ses ennemis, ce vieux chevalier vivait paisiblement dans son château. — En remplissant ses devoirs, en tenant fidèlement sa parole, en ne faisant de tort [ne nuisant] à personne, on est sinon heureux du moins tranquille.

59. Version parlée.

In der Klass'e auf'merk'sam sein, seine Ar'beiten gut' mach'en, seine Lection'en lern'en, ist die Pflicht' eines jeden Schül'ers. — Ruh'ig und glück'lich leb'en, könn'en nur recht'schaff'ene Männ'er, die stets die Wahr'heit lieb'ten. — Von Freund'en und Feind'en getad'elt, ist er` klein'müthig geword'en und hat' sich der Verzweif'lung überlass'en. — In hoh'en und luft'igen Zimm'ern kühl'en Wein trink'en, ist im Somm'er sehr an'genehm. — Von dem Jä`ger verfolgt', rett'ete sich der Fuchs' in seine tiefe Höhl'e. — Stark'en Thee oder Kaff'ee trink'en und zu frisch'es Brod' ess'en, ist un'gesund'. — Lieb'en, nicht' hass'en, soll'en wir uns're Feind'e.

60. Thème parlé.

Avoir de vrais amis et de bons livres est un grand bonheur. — Avoir du courage, aimer sa patrie est le devoir d'un bon soldat. — Pour vivre heureux et content, il ne faut pas irriter ses ennemis. — Pour avoir une bonne mémoire, il faut l'exercer tous (les) jours.— Perdre son capital quand on vivait de ses rentes, n'est certes pas (une chose) agréable. — Vivant dans des ruisseaux et (dans) des étangs limpides, nos poissons sont toujours frais et bons. — Occupé de l'étude des minéraux et des fossiles, cet homme est sinon heureux du moins tranquille.

XVI. Formation du comparatif et du superlatif des adjectifs. (§ 20). | Place de l'adverbe et de la négation (§ 69, fin).

L'adverbe et la négation n'ont pas de place fixe ; ils accompagnent le mot sur lequel ils portent plus particulièrement.

61. Version écrite.

1. Der Elephant' ist un'gemein groß'. Er ist gelehr'iger als das Pferd`, treu'er als der Hund' und geschick'ter als der Aff'e. 2. Das Rhino'ceros ist klein'er als der Elephant'; seine Haut ist' sehr dick' und hart'. 3. Der Löw'e ist das ed'elste und fürcht'erlich'ste Thier'; die Löw'in ist klein'er und schwäch'er, allein oft noch grimm'iger als der Löw'e. 4. Der Schneid'er war mehr todt' als' lebend'ig, als er`den Jä`ger schieß'en hör'te, und zugleich ein erschrock'ner Has'e aus dem Busch'e sprang'. 5. Die geschwind'esten Bekeh`rungen sind nicht im'mer die auf'richt'igsten. 6. Man kann' im'mer schad'en, aber man hat' nicht imm'er Geleg'enheit, And'ern wahr'haft nütz'lich zu sein. 7. Der größ'te Theil' der Mensch'en wünscht' mehr zu hab'en, als er braucht', und bess'er zu schein'en als er ist'. Der Weis'e ist zufried'en,

1. un'gemein, extraordinairement
    (gemein', commun, ordinaire)
    gelehr'ig, docile
    das Pferd`, le cheval
    treu', fidèle
    geschickt', adroit
    der Aff'e, le singe
3. der Löw'e, le lion
    ed'el, noble
    fürcht'erlich, redoutable
    die Löw'in, la lionne
    allein, mais
    noch', encore
    grimm'ig, féroce
4. todt', mort
    lebend'ig, vivant, vif
    (*Remarquez le déplacement de l'accent tonique.*)
    schieß'en, tirer (un coup de fusil; *v. fort*)
    hör'en, entendre
    erschrock'en, effrayé

    (er-schrecken, s'effrayer, *v. fort*)
    der Has'e, le lièvre
    (*Comp.* la hase)
    sprang', *prét. ind. du v. fort*
    spring'en, sauter
5. geschwind', prompt
    (schwind'en, disparaître;
    Comp. der Wind', le vent)
    die Bekeh`rung, la conversion
    (keh`ren, tourner)
    auf'richt'ig, sincère
    (recht', droit)
6. kann', *pr. ind. du v. irr.* könn'en, pouvoir
    die Geleg'enheit, l'occasion
    wahr'haft, vraiment, réellement
    nütz'lich, utile
7. der Theil', la partie, la part
    wünsch'en, désirer, souhaiter
    brauch'en, avoir besoin (*v. act.*)
    schein'en, paraître (*v. fort*)
    so viel, tant, autant

wenn er` so viel hat', wie er` noth'wend'ig braucht', und sucht' dagegen mehr zu sein, als er scheint'.

noth'wend'ig, nécessairement **such'en,** chercher	**dagegen** (*litt.* là-contre), au con- traire

62. Thème écrit.

Qui est plus heureux et plus content qu'un père dont (le) fils est studieux et docile ? — Pourquoi les hommes désirent-ils presque toujours de paraître meilleurs qu'ils (ne) sont ? — Un homme vraiment sincère n'estime les choses que d'après leur véritable valeur. — La peau de l'éléphant est plus dure et plus épaisse que celle du lion. — Rien n'est plus facile que de nuire aux autres ; rien n'est si difficile que de leur être réellement utile. — L'âme est plus noble que le corps, car elle est un rayon de la Divinité et (elle) ne périt jamais. — Dans ce pays les montagnes sont très-hautes, les rivières très-profondes. — Sous un ciel toujours pur, (la) lune et (les) étoiles se mirent dans les ruisseaux les plus limpides.

63. Version parlée.

Die Sonn'e ist größ'er, aber der Mond' ist viel klein'er als die Er`de. — Dieser Thurm' ist hoch', höh'er als uns'er Haus', aber das Pan'theon ist doch noch viel höh'er. — Die ält'esten Wein'e sind die best'en und gesund'esten. — Die Luft' ist leicht'er als das Waff'er, und das Waff'er schwe= rer als das Oel'. — Der Arm'e in seiner Hütt'e ist oft glück'licher als der Reich'e in seinem Palast'e. — Dein Zimm'er ist, selbst' in den heiß'esten Tag'en, frisch'er und luft'iger als das meinige im Früh'ling und im Herbst'. — Sein Bru'der ist mehr klein' als groß', mehr häß'lich als schön', mehr faul' als fleiß'ig.

64. Thème parlé.

Berlin est une grande ville, Paris est encore beaucoup plus grand, et Londres est la plus grande ville en Europe. — Ces maisons sont très-hautes ; ce sont les plus hautes que nous ayons [avons] vues. — Les animaux les plus forts et les plus féroces habitent [demeurent dans] ordinairement les pays les plus chauds. — Les lions sont beaucoup plus forts que les loups. — Ce vieux château est situé sur un rocher élevé. — Les œuvres de Dieu sont plus belles et plus merveilleuses que les œuvres de l'homme. — Une conversion trop prompte n'est presque jamais sincère. — Un ami éprouvé est le plus grand trésor que l'on puisse [peut] posséder.

XVll. Exercice général sur les adjectifs. | Exercice général sur les règles de la construction.

65. Version écrite.

1. Wir leſ'en die Pariſ'er, die Wien'er, die Ham'burger und die Berlin'er Zeit'ungen. 2. Die A'meiſen ſind klein'e und ſchwach'e, aber ſehr ar'beitſam'e und vor'ſicht'ige Thier'e. 3. Welch'es iſt der näch'ſte (*ou* kürz'eſte) Weg' von A. nach B.? Die gerad'e Li'nie ; es gibt keinen nä`hern

1. die Zeit'ung, le journal	naḥ', proche
(die Zeit', le temps)	kurz', court
2. die A'meiſe, la fourmi	der Weg', le chemin (*comp. lat.*
vor'ſicht'ig, prévoyant	via *et* voie)
(vor'-ſehen, pré-voir)	gerad'e, *ou contr.* grad'e, droit
3. welch'es, *v.* 81, 1°	die Li'-ni-e, la ligne

(ou kürz'ern). 4. Hoh'e Mau'ern, breit'e und reiß'ende Flüss'e sind kein un'übersteig'liches Hind'erniß für tapf'ere Soldat'en. 5. Die deut'sche Sprach'e ist reich', aus'drucks-voll', kräft'ig, und sogar wohl'lautend im Mund'e eines Deut'schen. Sie hat hart'e Laut'e, um hart'e Ding'e, und sanft'e Laut'e, um sanft'e Ding'e zu bezeich'nen. 6. Sie haben gut'en Wein' in Ihrem Kell'er, weiß'en und roth'en, aber Ihr Tokai'er ist der best'e von all'en.

4. breit', large	voll', plein)
reiß'end, (*fleuve, etc.*) rapide	kräft'ig, énergique
(reiß'en, entraîner)	(die Kraft', la force)
un'übersteig'lich, insurmontable	sogar, même
(*préf.* un; *prép.* über; *v. fort*	wohl'lautend, harmonieux
steig'en, monter)	(wohl, bien; laut'en, sonner)
das Hind'erniß, l'empêchement	der Laut', le son
(hind'ern, empêcher)	das Ding', la chose
tapf'er, courageux, brave	sanft, doux (*à l'ouïe, au toucher*
5. die Sprach'e, la langue	bezeich'nen, désigner
(sprech'en, *prét.* sprach', parler)	6. roth', rouge
aus'drucksvoll', expressif	der Tokai'er (*sc.* Wein), le vin de
(aus'-drück'en, ex-primer	Tokai

66. Thème écrit.

Dans la vie, la ligne droite n'est pas toujours le che-min le plus court. — Y a-t-il des obstacles insurmon-tables pour de braves soldats qui ne craignent ni (weder) des murailles élevées ni (noch) les fleuves les plus rapides? — Quel est l'animal le plus laborieux et le plus prévoyant? C'est la petite fourmi. — En été les jours sont plus longs que les nuits; en hiver ils sont plus courts. — Quelle langue a les sons les plus durs pour (désigner les) choses dures et les sons les plus doux pour désigner (les) choses douces? N'est-ce pas la langue allemande? — Dans la bouche d'un Allemand, la langue allemande est plus expressive et plus douce que dans la bouche d'un Français.

67. Version parlée.

Meine Tint'e ift bick'er unb blaff'er (bläff'er) als bie Ihrige. — Die Chokola'be ift nahr'haft'er als ber Kaf'fee. — Der Diamant', ber felt'enfte all'er Eb'elfteine, ift ber härt'efte all'er Mineral'körp'er. — Die Straß'en in Con‍stantino'pel finb fehr fchmuh'ig. — Rein'es Waff'er ift gefunb'er als jung'es Bier' ober fau'rer Wein'. — Diefer Berg' ift hoch', höh'er als unf'er Haus', ber höch'fte im ganz'en Lanb'e. — Eduarb ift jüng'er als bu; er ift ber jüng'fte Sohn' unf'ers Nach'bars. — Ich habe meinem Bru'ber ben beft'en Blei'ftift' unb bie beft'e Feb'er gegeb'en. — Unt'er einer gut'en Regier'ung ift ber Stark'e bem Schwach'en nicht fürcht'erlich. — Was' ift leicht'er, beutfch zu verfteh'en ober beutfch zu fprech'en?

68. Thème parlé.

Quels journaux lisez-vous? Je ne lis que la gazette d'Augsbourg. — Avez-vous de bon papier, de bonnes plumes et de bonne encre? — Cette ville a des rues larges et droites, et de hautes et belles maisons. — Les lions sont plus forts que les loups. — Le colibri est très-petit, c'est le plus petit de tous les oiseaux. — Les cahiers de cet élève sont toujours malpropres; s'il était plus appliqué, ses cahiers seraient certainement plus propres. — Qui est plus heureux et plus content qu'un enfant qui obéit aux conseils de ses parents et de ses maîtres? — S'il faisait plus sec, nous pourrions nous asseoir sur ce banc de gazon. — Dans ce village, les toits de toutes les maisons sont en très-mauvais état.

XVIII. Verbes dérivés. Verbes étrangers (§ 45).	Exercice général sur les règles de la construction.

69. Version écrite.

1. Streng'e Herr'en regier'en nicht lang'e, sagt' ein bewähr'tes Sprich'wort. 2. Thrasybu'lus, ein durch seine glüh'ende Va'terlandslieb'e und ed'le Un'eigennütz'igkeit berühm'ter Feld'herr, befreite Athen' von der Herr'schaft der drei'ßig Tyrann'en. 3. Nachdem Til'ly Magd'eburg' erstürmt' und zerstört', und seinen Nam'en durch un'erhörte Grau'samkeit'en entehrt' hat'te, verfolg'te ihn das Un'glück

<table>
<tr><td>

1. streng', sévère
  der Herr', le maître
    (*comp. lat.* herus *et* hère)
  regier'en, régner (*lat.* regere)
  lang'e, longtemps
  bewährt`, confirmé (*par l'expé-
    rience*)
    (bewäh`ren, éprouver, avérer)
  das Sprich'wort, le proverbe
    (sprech'en, parler; *v. fort*
  das Wort', la parole)
2. Thrasybu'lus, Thrasybule (401
    av. J.-C.)
  glüh'end, ardent
    (glüh'en, brûler [*lat.* ardere])
  das Va'terland', la patrie
  die Lieb'e, l'amour
  ed'el, noble
  die Un'eigennütz'igkeit, le désin-
    téressement
    (eig'en, propre
  der Nutz'en, l'intérêt)

</td><td>

  berühmt', célèbre, illustre
    (der Ruhm', la gloire)
  der Feld'herr, le général, le ca-
    pitaine (*fig.*)
  befrei'en, délivrer
    (frei', libre)
  Athen', *n.* Athènes
  die Herr'schaft, la domination
  drei'ßig, trente
3. nachdem, après que
  Magd'eburg', Magdebourg (en
    1631)
  erstürm'en, prendre d'assaut
    (der Sturm', *mil.* l'assaut)
  zerstör'en, détruire
    (stör'en, troubler)
  un'erhört, inouï
  die Grau'samkeit', la cruauté
    (grau'en, *v. n. unip.* être rem-
    pli d'effroi)
  entehr'en, déshonorer
  das Un'glück, le malheur

</td></tr>
</table>

auf all'en seinen Züg'en. 4. Die Heil'igen veracht'eten die Freu'den der Welt', und gehorch'ten nur den Gebot'en Gott'es. 5. Als ich klein' war, erzählt'te mir mein Groß'=vater all'erlei Mähr'chen von Ries'en und Zwerg'en, die in alt'en Zeit'en unf'er Land' bewohn'ten.

auf, dans (*dat. acc.*)	(hör'en, écouter)
der Zug', l'expédition (militaire)	das Gebot', le commandement
(zieh'en, *prét.* zog', marcher)	(gebiet'en, commander, *v. fort*)
4. heil'ig, saint	5. erzäh'len, raconter
(das Heil', le salut)	(zäh'len, énumérer [*des faits*])
veracht'en, mépriser	das Mähr'chen, le conte
die Freud'e, la joie, le plaisir	der Ries'e, le géant
die Welt', le monde	der Zwerg', le nain
gehorch'en, obéir	bewohn'en, habiter

70. Thème écrit.

Cet illustre général a délivré sa patrie de la domination des ennemis. — Méprisez les joies du monde, et remplissez votre cœur d'admiration pour les œuvres de Dieu. — Le chien du berger garde les brebis et les protège contre les loups. — Le printemps a été si sec que les chenilles se sont multipliées d'une manière inouïe. — Cet enfant a toujours obéi aux commandements de Dieu, et n'a jamais déshonoré le nom de ses parents. — Les proverbes se confirment souvent, mais pas toujours. — Prendre d'assaut des villes et les détruire est plus facile que de bâtir un village et de rendre heureux quelques paysans.

71. Version parlée.

Wer' hat dieses Haus' bewohnt'? Eine deut'sche Fa=mi'lie. — Hat der Lehr'er das Exerci'tium oder die Ueber=setz'ung corrigirt'? — Unf'ere Soldat'en haben die Feind'e verfolgt' und die Stadt' erstürmt'. — Wer' hat Mag'deburg' zerstört'? Der grau'same Til'ly. — Wann erzählt'e dir beine Groß'mutt'er Mähr'chen? Als ich noch ein klein'er Knab'e war. — Woburch' hat sich bieser Feld'herr ent= ehrt'? Durch seine un'erhört'e Grau'samkeit. — Wovon' befrei'te Thrasybu'lus seine Va'terstadt'? Von den Tyran'= nen, bie es regier'ten. — Hörst' bu gern Mähr'chen von Ries'en unb Zwerg'en? — Hast bu beine Kennt'niss'e in ber Schul'e ober im vä'terlich'en Hauf'e erlangt'? — Einen Mann' ohne Muth acht'et Nie'manb; Jeb'ermann' veracht'et ihn.

72. Thème parlé.

La lecture de bons livres a éclairé son esprit et formé son cœur. — Le chasseur courageux poursuit les loups dans les bois; ses chiens fidèles le suivent et lui obéis- sent. — Dans les pays froids, la terre est, pendant [dans] l'hiver, couverte de neige, et certains animaux dorment dans leurs terriers. — Ne méprise jamais les bons conseils de tes parents : c'est ton devoir de leur obéir. — Cette ville a été détruite par un général cruel. — Raconte-nous une histoire des géants et des nains qui, à ce qu' (wie) on dit, gardaient autrefois ce châ- teau. — Ce tyran s'est déshonoré par des cruautés inouïes. — Pour devenir utile à sa patrie, il faut (muß' man) étudier les sciences et les arts.

XIX. Verbes composés sépara- bles (§ 46 et § 50).	Exercice général sur les règles de la construction.

73. Version écrite.

1. Man stellt' ben Tob' unt'er bem Bilb'e bes Schlaf'es vor'. 2. Die Pra'xis stimmt' nicht im'mer mit ben

1. vor'stell'en, représenter (*étymol.* placer devant) ber Tob', la mort unt'er, sous (*dat. acc.*) ber Schlaf', le sommeil	(schlaf'en, dormir; *v. fort*) 2. bie Pra'xis, la pratique (überein'stimm'en, s'accorder stimm'en, *v. a.* accorder [*un piano, etc.*])

Reg'eln überein'. 3. Vor einigen Tag'en schick'te mir dein Vett'er das Geld' zurück', welch'es ich ihm vor'ge=streckt' hat'te. 4. Du ant'wort'est zu kurz' auf meine Brief'e; theil'e mir doch mehr Nach'richt'en von mei=ner Fami'lie mit'. 5. Du hast' die üb'le Gewohn'heit, die Thür'en nur an'zulehn'en; mach'e sie entweb'er auf', ober zu'. 6. Ein Mann', der` gut gefrüh'stückt' hat, ist gefäll'iger und bienst'fert'iger, als einer, der` noch nücht'ern ist. 7. Fast Jeder glaubt' sich berecht'igt, über ein Buch' ober ein Kunst'werk zu ur'theilen, selbst wenn er` nichts davon' versteht'. 8. Hab'en die Schül'er die Lection' auf'gesagt und sich wäh`rend der Frei'stund'e gut auf'geführt?

bie Reg'el, la règle (*synon.* le principe)

3. zurück'schick'en, renvoyer
ber Vett'er, le cousin
bas Geld', l'argent (*monnayé*)
vor'streck'en, avancer

4. ant'wort'en, répondre
kurz', brièvement (*court*)
mit'theilen, communiquer
boch, donc
bie Nach'richt, la nouvelle (*l'avis*)

5. üb'el, mauvais
bie Gewohn'heit, l'habitude
an'lehn'en, tirer (*sans fermer tout à fait*), entre-bâiller
auf'mach'en, ouvrir
entweb'er... ober, ou... ou
zu'mach'en, fermer

6. früh'stück'en, déjeuner
(bas Früh'stück', le déjeuner; *littér.* le morceau du matin)
gefäll'ig, complaisant, obligeant
(gefall'en, plaire; *v. fort;*

étymol. bien tomber)
bienst'fert'ig, serviable)
(ber Dienst', le service; fert'ig, prêt [*à rendre*, etc.])
nücht'ern, à jeun

7. fast, presque
glaub'en, croire
berecht'igen, autoriser
bas Kunst'werk, l'œuvre d'art
ur'theilen, juger (§ 58, VIII)
versteh'en, comprendre, entendre; *v. irr.* (*étymol.* se tenir à la place de, s'identifier avec. *Comp.* ἐπίσταμαι)

8. auf'sagen, réciter
bie Frei'stund'e, la récréation (*des élèves*)
(bie Stund'e, l'heure ; *de* steh'en, *anc. prét.* stund' : point d'arrêt)
sich auf'führen, se conduire (*bien ou mal*)

74. Thème écrit.

Lessing a fait un petit ouvrage sur la manière dont (wie) les anciens représentaient la Mort. — A-t-il répondu à la lettre de son père, et lui a-t-il communiqué des nouvelles de notre famille? — Tu ne fermes jamais les portes, tu ne fais que les entre-bâiller [tu les entre-bâilles seulement]; c'est une très-mauvaise habitude. — Conduis-toi bien en classe, récite attentivement tes leçons, et (ſo) tu pourras [peux] jouer pendant la récréation. — Rien n'autorise un jeune homme à porter un jugement sur des œuvres d'art qu'il étudie, mais (qu'il) ne comprend pas encore bien. — Je te renvoie l'argent que tu m'as avancé, en te remerciant de ton obligeance, et en te priant de (venir) déjeuner demain avec moi.

75. Version parlée.

Warum' mach'en Sie die Thür'e nicht auf'? Weil es zu kalt' iſt. — Mach'en Sie das Fenſt'er zu' : es wird gleich reg'nen. — Hat er dir das Geld' zurück'geſchickt', das' du ihm vor'geſtreckt' hat'teſt? — Führ'e dich gut' auf', und plaud're nicht in der Klaſſ'e, ſo wirſt du nicht geſtraft' wer'den. — Ur'theile nicht über Ding'e, die du nicht verſtehſt'; ſonſt berecht'igſt du Anb'ere, über dich zu lach'en. — Sei dienſt'fert'ig gegen Jeb'ermann', und du wirſt geliebt' und geacht'et wer'den. — Stimmt' die Pra'ris imm'er mit der Reg'el überein'? — Wenn du noch nicht gefrüh'ſtück't' haſt, ſo früh'ſtück'e mit mir. — Hat dein Vett'er noch die üb'le Gewohn'heit, nicht auf die Brief'e ſeiner Freund'e zu ant'wort'en?

76. Thème parlé.

Qui a ouvert la porte? — Pourquoi ne fermez-vous pas la fenêtre? — Répondez quand je vous interroge. — Sous quelle image les anciens représentaient-ils la Mort? — Il y a quelques jours, on me communiqua une nouvelle bien agréable. — Vous ne répondez pas à ma question; est-ce que vous ne me comprenez pas? — Ne jugez pas si légèrement une œuvre d'art que tout le monde estime. — Le censeur a puni les élèves qui se sont mal conduits en classe : ils n'auront pas de récréation. — Qu'est-ce qui vous autorise à douter de (an, *dat.*) la sincérité de sa conversion? — Je désire que vous remplissiez vos devoirs et (que vous) deveniez un honnête homme.

A, Verbes composés séparables et inséparables (§§ 48, 49).	Exercice général sur les **règles de** la construction.

77. Version écrite.

1. Der Fähr'mann macht' noch keine An'stalt uns üb'erzuseß'en; wir wä`ren schon am jen'seitigen Uf'er, wenn er` nicht so lang'sam wä`re. 2. Ist es leicht'er aus

1. der Fähr'mann, le bachoteur, le batelier
  (die Fäh`re, le bac
  fahr'en, aller en bateau, etc.;
    v. fort)
An'stalt mach'en, faire les préparatifs (pour), s'apprêter (à)
	üb'erseß'en, passer (conduire à l'autre rive)
	jen'seitig, de l'autre côté; autre; opposé
	  (die Seit'e, le côté)
	lang'sam, lent
	  (lang', long)

dem Deut'schen ins Franzö'sische, oder aus dem Franzö=
sischen ins Deut'sche zu übersetz'en? 3. Ich bin so mit
Ar'beit überhäuft', daß es mir nicht mög'lich war die
Lection' zu überlern'en. 4. Der Tisch'ler hat das Brett'
durch'gebohrt. 5. Jedes Wort' in Ihrem Brief'e ist ein
Dolch', der` mir das Herz' durchbohrt'. 6. Viel'es, was
sonst' erlaubt' war, ist jetzt' den Schül'ern untersagt'.
Warum'? Weil sie die ihnen verstatt'ete Frei'heit miß=
brauch'ten. 7. Ich wiederhol'e es noch einmal' : ich
widersetz'e mich der Ernenn'ung eines Mann'es, der`
seine best'en Freund'e hintergeht', und die Geheim'nisse
aus'plaudert, die man ihm an'vertraut.

2. das Franzö'sische, le français (la langue française)	terdire, *lat.* interdicere)
übersetz'en, traduire	verstatt'en, accorder (*synon.* per-mettre)
3. überhäuf'en, accabler	mißbrauch'en, mésuser, abuser
mög'lich, possible	7. wiederhol'en, répéter
(mög'en, pouvoir; *lat.* posse)	widersetz'en, opposer
überlern'en, repasser (*une leçon*)	die Ernenn'ung, la nomination (à un *emploi*)
4. das Brett', la planche	(nenn'en, nommer; *v. irr.*)
durch'bohren, percer (*étymol.* forer à travers)	hintergeh'en, tromper; *v. irr.*
5. das Wort', le mot	das Geheim'niß, le secret
der Dolch', le poignard	(geheim', heim'lich, secret; das Heim', *anc.* le chez soi.
durchbohr'en, percer	*Comp.* ham-eau *et l'anglais* home)
6. sonst, autrefois	aus'plaudern, redire, divulguer
erlaub'en, permettre	an'vertrauen, confier
jetzt, maintenant	
untersag'en, défendre (*Comp.* in-	

78. Thème écrit.

Où est le batelier? Il est à l'autre rive; il ne peut pas
vous passer : son bac est endommagé. — Repassez
votre [la] leçon encore une fois, et récitez-la ensuite
(nachher`) au professeur. — Avez-vous fait votre [la]
version? Je l'ai faite, mais je n'en (damit') suis pas

très-satisfait; je trouve (qu') il est bien difficile de traduire de l'allemand en français. — Pourquoi n'accorde-t-on pas plus de liberté aux élèves? Parce qu'ils en abuseraient. — Un fils qui s'oppose à son père mérite d'être puni. — Il a divulgué les secrets que ses amis lui avaient confiés. —Permettez-moi de répéter que les pusillanimes s'abandonnent au désespoir, tandis que les courageux triomphent de leurs ennemis.

79. Version parlée.

Haben die Kind'er die Lection' überlernt' und sie dem Lehr'er auf'gesagt? — Bohre dieses Brett' durch', und schlag'e nachher` Nä`gel hinein. — Wenn es mög'lich ist, so überhäuf'e ihn nicht mit Ar'beit : seine Gesund'heit erlaubt' ihm nicht lang'e zu ar'beiten. — Mißbrauch'et nicht die Frei'heit, die man euch verstatt'et, und such'et nicht die Auf'seher zu hintergeh'en, so wird man euch manch'es erlaub'en, was jetzt' unterfagt' ist.—Die Nach'=richt von dem Tod'e uns'ers Freund'es hat mir das Herz' durchbohrt'. — Ich versteh'e nicht, was Sie sag'en; wie=derhol'en Sie Ihre Wort'e noch einmal'. — Wer` hat dieses Buch' übersetzt'? Ein Franzos'e oder ein Deut'scher? — Welch'er Fähr`mann' hat euch heute üb'ergesetzt'?

80. Thème parlé.

Repassez toujours votre leçon avant (bevor, suivi d'un mode personnel) de la réciter au professeur. — Si tu confies ton secret à un autre, il est possible qu'il le redise ou (qu'il) en abuse (indicatif); ne le confie donc à personne. — Qui vous a accordé cette liberté? Depuis quand est-il permis aux enfants de s'opposer aux vœux (désirs) de leurs parents? — Est-il vrai que ce soldat a tué son officier? Oui, il l'a percé avec son sabre. —

Ne divulgue jamais un secret qu'on t'a communiqué. — Y a-t-il (ift.....ba) un bâtelier pour nous passer? — As-tu traduit cela du français ou de l'allemand? — Si je n'étais pas accablé de travail, j'aurais certainement répondu plus tôt à (auf, accus.) votre lettre.

XXI. Exercice général sur les verbes dérivés et composés.	Exercice général sur les règles de la construction.

81. Version écrite.

1. Erlaub'en Sie mir, mich Ihres Feb'ermeff'ers zu bebien'en; ich habe das meinige vergeff'en. 2. Bet'e und ar'beite, auf baß' du lang'e leb'est auf Er'ben. 3. Seine Wünsch'e erfüllt' seh'en, ist an'genehm; ihnen entsag'en, ist gött'lich. 4. Colum'bus reif'te von Spa'= nien auf brei klein'en Schiff'en ab', um eine neu'e Welt' auf'zusuch'en. Als er sie entbeckt' hat'te, kehr'te er' nach Spa'nien zurück', und rüft'ete eine Flot'te von sieb'zehn Schiff'en aus'. 5. Die Grup'pe des Lao'koon ist von all'en Kunst'richt'ern günst'ig beur'theilt word'en.

1. sich bebien'en, se servir
   vergeff'en, oublier; v. fort
2. bet'en, prier (Dieu)
   (bitt'en, prier [qn.]; part. ge-
     bet'en)
   auf baß', afin que
3. ber Wunsch', le désir
   erfüll'en, remplir
    (voll', plein)
   entsag'en, renoncer
   gött'lich, divin
4. Colum'bus, Colomb (1492)
   ab'reisen, partir
   Spa'nien, l'Espagne
   brei, trois
   bie Welt', le monde

auf'suchen, aller à la recherche de
entbeck'en, découvrir
zurück'kehr'en, retourner
aus'rüst'en, équiper
bie Flot'te, la flotte
sieb'zehn, dix-sept
5. bie Grup'pe, le groupe
   ber Kunst'richt'er, le critique
    (étym. juge en fait d'art)
   günst'ig, favorablement
    (bie Gunst', la faveur
     gönn'en, voir avec plaisir
     qu'une chose arrive à qn.)
   beur'theilen, juger

82. Thème écrit.

Lorsque Colomb partit d'Espagne, il avait seulement trois petits vaisseaux que la reine Isabelle avait équipés. — Un critique qui juge une œuvre d'art ne doit (darf) pas oublier que la pratique ne s'accorde pas toujours avec les règles. — Un général cruel prit d'assaut et détruisit cette ville malheureuse. — J'ai beaucoup travaillé aujourd'hui : j'ai répondu à six lettres, et traduit quatre pages dans (auß, dat.) ce livre. — Un enfant qui n'obéit pas à ses parents, ou qui les trompe, n'est aimé ni de Dieu, ni des hommes.

83. Version parlée.

Ich seh'e, man hat sich meines Lineals' und meines Feb'ermeff'ers bedient'. — Der Hund' gehorcht' seinem Herrn'; er bewacht' das Haus', beschützt' die Schaf'e gegen die Wölf'e, und verfolgt' die wild'en Thier'e im Wald'e. — Ich glaub'e, Sie beur'theilen diesen Philosoph'en zu günst'ig : er besitzt' nicht die Kennt'niffe, den Muth' und die Un'eigennütz'igkeit eines So'krates. — Welch' ein klein'müthiger Mensch'! Er verzwei'felt bei jeder Wid'erwärt'igkeit, und klagt' beständ'ig über sein Schick'sal.

84. Thème parlé.

Renoncer à ses désirs est (chose) difficile. — Le corps périt, mais l'âme vit éternellement. — Un esprit éclairé apprécie les choses d'après leur véritable valeur. — Soyez plus attentif, et répondez mieux à mes questions. — Il est temps de lui renvoyer l'argent qu'il nous a avancé. — Voulez-vous déjeuner avec nous ? Je vous remercie, j'ai déjà déjeuné. — Ce jeune homme ne se conduit pas bien en classe, et tâche de tromper ses professeurs. — Pourquoi le menuisier a-t-il percé ces planches?

XXII. Auxiliaires de mode. § 55 et § 87.

Verbe accompagné d'un auxiliaire de mode :

Das Haus', welch'es mein Va'ter hat kauf'en woll'en.
littér. La maison que mon père a acheter voulu.

85. Version écrite.

1. Ihr Freund' hät'te Ihnen von dieser An'geleg'enheit Nach'richt geb'en könn'en, wenn er` zu Hau∫'e gewe∫'en wä`re. 2. Ich habe heute Morg'en ab'rei∫en woll'en, aber ich bin daran' verhind'ert word'en. 3. Wir haben die∫es Buch' nicht le∫'en mögen, weil der Verfa∫∫'er de∫selb'en uns un'bekannt' i∫t. 4. In die∫em Land'e darf Jed'ermann Waff'en trag'en, aber nicht Jeder darf das Wild' ∫chieß'en. 5. Das Raub'∫chiff, welch'es die Kü∫t'en=wächt'er auf'bring'en ∫oll'ten, hat ∫ich kürz'lich wieder blick'en la∫∫'en. 6. Der jüng'ere Bru'der muß dem ält'ern weich'en.

1. die An'geleg'enheit, l'affaire	das Wild', le gibier
die Nach'richt, la nouvelle, l'avis	(wild', sauvage)
2. ab'rei∫en, partir (en voyage)	5. das Raub'∫chiff, le corsaire (*vais-*
(rei∫en, voyager)	*seau*)
verhind'ern, empêcher	(raub'en, ravir, dérober)
3. der Verfa∫∫'er, l'auteur (de...)	der Kü∫t'enwächt'er, le garde-côte
(verfa∫∫'en, composer [*un écrit*]	(die Kü∫t'e, la côte
fa∫∫'en, saisir, concevoir)	wach'en, veiller)
un'bekannt', inconnu	auf'bring'en, capturer; *v. irr.*
(kenn'en, connaître, *part.* ge‑	kürz'lich, (tout) récemment
kannt')	blick'en, voir
4. die Waff'e, l'arme	6. weich'en, céder (le pas)

86. Thème écrit.

Les garde-côtes n'ont pas pu capturer le corsaire qui s'était montré sur (an, dat.) nos côtes. — La reine Isabelle aurait [eût] dû mieux récompenser Colomb de (für, acc.) sa découverte. — Tu aurais [eusses] dû écrire une lettre à ton oncle, et lui envoyer quelque chose pour sa fête. — Il faut que je lise [je dois lire] ce gros volume, et que je le renvoie ce soir à mon cousin. — Ce jeune homme n'a jamais voulu éclairer son esprit par la lecture de bons livres. — Ce vieux chevalier aurait pu vivre paisiblement dans son château, si son amour ardent de la patrie le lui avait [eût] permis. — Il faut battre [forger] le fer pendant qu'il est chaud.

87. Version parlée.

Du könn'test deine Schul'arbeiten bess'er mach'en, wenn du in der Class'e auf'merksamer wär'est. — Man mag sag'en, was man will' : Reich'thum allein macht' nicht glück'lich. — Hast du das Schloß' am Uf'er des Sees' ge= seh'en? Ich hät'te es wohl seh'en mögen, allein der Fähr'mann woll'te uns nicht üb'ersetz'en. — Die Luft' ist feucht' und kalt' : ich darf' nicht aus'gehen, ich muß' das Zimm'er hüt'en. — Ich hät'te meiner Schwest'er ein Band' und meinem Bru'der ein Mess'er schenk'en mögen. — Er hat mir sag'en lass'en, daß seine Mut'ter noch im'= mer kränk'elt. — Lass'et uns bet'en und ar'beiten !

88. Thème parlé.

Je n'ai pas pu vous écrire hier, parce que j'étais ma-lade. — S'il avait voulu me dire la vérité, je ne l'aurais pas fait punir. — Je voudrais bien acheter ce jardin, mais je n'ai pas assez d'argent. — Dans les pays froids, les animaux sont obligés de [doivent] passer (zu'bring'en) l'hiver dans leurs terriers. — Poursuivons les loups, les renards et les cerfs à travers (durch, acc.) les bois. — Tu as voulu nous raconter une histoire de géants et de nains; il faut tenir maintenant ta promesse. — Lisons

les contes allemands de (von) Grimm ! — Sais-tu [peux-tu sc. réciter] ta leçon ? — Ton frère a été en Allemagne; il doit bien savoir [pouvoir sc. parler] (l') allemand; je voudrais le savoir aussi bien que lui.

XXIII. De l'apposition (§ 73).	Exercice général sur les règles de la construction.

89. Version écrite.

1. Die Stadt' Rom ist, der Sag'e nach, von Ro'mulus auf dem Palatin'ischen Berg'e gegründ'et word'en; doch ist sehr wahrschein'lich, daß schon früher auf diesem Berg'e ein pelasg'ischer Ort' lag'. 2. Ein Stück' schwar'zes Brod' und ein Glas' frisch'es Waff'er schmeckt' einem Gesund'en beff'er, als einem Krank'en der best'e Brat'en und der ed'elste Wein'. 3. Ich bitt'e um ein Gericht' Brat'en und eine Flasch'e Wein', oder eine Kann'e Bier. 4. In der Religion', dieser Toch'ter des Him'mels, hat der Mensch' die treu'ste Gefähr'tin. 5. Meine Mut'ter hat mir drei Paar' Hand'schuhe, sechs Paar

1. die Sag'e, la tradition
   nach, suivant, d'aprés ; *dat.*
   Palatin'isch, Palatin
   gründ'en, fonder
   doch, cependant
   wahrschein'lich, vraisemblable
   früher, antérieurement, avant
      cette époque
      (früh, tôt)
   pelasg'isch, pélasgique
   der Ort', l'endroit, la cité
   lag, *prét. ind. de* lieg'en
2. das Stück', le morceau
   schwarz', noir
   schmeck'en (*lat.* sapere), avoir un
      goût, paraître, trouver (bon,

mauvais, etc.)
der Brat'en, le rôti
   (brat'en, rôtir ; *v. fort*)
3. um et'was bitt'en, demander
   (*poliment*) qc.
das Gericht', le plat (*de vian-de*, etc.)
   (zu'-richt'en, apprêter
   richt'en, dresser
   recht', droit)
die Flasch'e, le flacon, la bouteille
die Kann'e, la cannette
4. die Gefähr'tin, la compagne
   (fahr'en, aller ; *préf.* ge : avec)
5. das Paar', la paire ; la couple
der Hand'schuh, le gant

Strümpf'e und zwei Duz'end Hemd'en geschickt'. 6. Woll'en Sie eine Taff'e Thee' oder eine Taff'e Kaf'fee'? Ich bitt'e um ein Glas' Zuck'erwaff'er.

der Strumpf', le bas | 6. der Zuck'er, le sucre
das Duz'end, la douzaine

90. Thème écrit.

La religion, cette fille du ciel, est la plus fidèle compagne de l'homme; elle forme son cœur et éclaire son esprit. — Ce chasseur a une couple de chiens qui ne craignent pas les loups les plus féroces. — Je te prie de m'acheter une paire de gants, quelques paires de bas et une douzaine de chemises. — Je ne puis pas dormir quand je prends [bois] le soir une tasse de thé ou de café. — La petite ville de Nyon est située au milieu d' (mitt'en in, dat.) une vallée fertile. — Comment trouvez-vous ce plat de poissons? Il est très-bien apprêté; je le trouve délicieux.

91. Version parlée.

Der Schul'meister hat ein Duz'end Lineal'e und drei Duz'end Blei'stifte gekauft'. — Der Bau'meister, welch'er die Kirch'e bau'en soll, hat in dieser Stadt' schon eine Meng'e Häus'er gebaut'. — Eine Taff'e Chokola'de ist gesund'er und nahr'hafter, als drei Taff'en Thee. — Ich wer'de noch ein paar Tag'e in dem Städt'chen bleib'en, von wo aus' ich Ihnen heute schreib'e. — Ich will mei= ner Schwest'er zu ihrem Nam'enstage ein Paar Taff'en schenk'en. — Ich bin sehr durst'ig; darf ich Sie um ein Glas' Waff'er bitt'en? — Der Ort' Aigues-Mortes, wo Lud'wig IX. sich ein'schiffte (1248), liegt' jetzt eine Stund'e weit vom Uf'er des Mee'res.

92. Thème parlé.

Donnez-moi un verre d'eau et un morceau de sucre. — Mon frère a acheté une paire de bottes et deux paires de souliers. — Nous avons envoyé dix bouteilles de vin à l'ami de notre oncle. — Je voudrais avoir un morceau de viande, un peu de pain et un verre de bière. — Beaucoup de villes qui autrefois étaient situées sur (an, dat.) le bord de la mer, en sont maintenant éloignées d'une ou de plusieurs lieues. — Ayez la bonté de me donner un verre d'eau sucrée. — Comment trouvez-vous ce vin? Je le trouve très–bon; il faut qu'il soit bien vieux. — Voulez-vous prendre un petit verre (diminutif) d'eau-de-vie? Je vous remercie; je vous demanderai [demande] une tasse de thé.

XXIV. Formation du comparatif et du superlatif des adverbes (§ 40).	Exercice général sur les règles de la construction.

93. Version écrite.

1. In den Geg'enden, wo die Er'de am frucht'barsten ist, sind die Mensch'en am träg'sten. 2. Auf den höch'sten Berg'en ist die Luft' am rein'sten. 3. Je läng'er die Tag'e sind, be'sto kürz'er sind die Nächt'e. 4. Mein Freund' läßt' Sie schön'stens grüß'en; er wird Sie näch'stens besuch'en. 5. Unt'er all'en Völk'ern haben die Griech'en den Traum' des Leb'ens am schön'sten geträumt'. 6. Er hat seine Kind'er auf's sorg'fält'igste erzieh'en lass'en. 7. Ist die Noth' am größ'ten, ist Gott'es Hülf'e am näch'sten.

1. die Geg'end, la contrée (gegen, contre) trä'ge, indolent	6. sorg'fält'ig, soigneusement, avec soin (die Sorg'falt, le soin die Sorg'e, le souci) erzieh'en, élever; v. fort
4. grüß'en, saluer besuch'en, venir voir	
5. das Volk', le peuple der Griech'e, le Grec der Traum', le rêve, le songe träum'en, rêver, songer	7. die Noth', le besoin, la détresse die Hülf'e, le secours (helf'en, secourir; v. fort)

94. Thème écrit.

Plus on est sage, plus on aime la vertu. — Il est assez prudent pour surveiller ses intérêts avec tout le soin possible. — Peut-on apprendre plus facilement une langue étrangère (fremb') que dans le pays où on la parle? — Il est plus facile de blâmer que de faire (mad)'en) mieux. — Le professeur récompensera les élèves qui ont le mieux travaillé. — Où l'air est-il le plus pur? Sur les montagnes. — Ce qui m'a fait le plus de peine (faire de la peine, ſchmerzen, v. act.), (c') est le profond chagrin de cette mère infortunée.

95. Version parlée.

Er kommt' jetzt öft'er zu mir, als ſonſt'. — Er beſucht' mich von meinen Freund'en am öft'eſten. — Herr B. hat mich beſt'ens durch einen ſeiner Freund'e grüß'en laſſ'en. — Dieſer Schül'er iſt auf's ſtreng'ſte beſtraft' word'en. — Die A'meiſ'en ſind äußerſt ar'beitſame und vor'ſicht'ige Thier'e. — Die Zimm'er in dieſem Schloſſ'e ſind auf das präch't'igſte erleucht't'et. — Am glück'lichſten und zufried'en= ſten iſt der Mann', der' ein gutes Gewiſſ'en hat.

96. Thème parlé.

Plus on est heureux, plus on a d'ennemis. — Plus le vin est vieux, meilleur il est. — Cet officier a un casque extrêmement brillant. — La version a été faite avec le plus grand soin. — Bien comprendre une langue, est (chose) très-difficile. — Qui mène la vie la plus heureuse [vit le plus heureusement] sur la terre? Celui qui possède ce qui est nécessaire à la vie, et qui n'en désire pas davantage. — Plus un élève est appliqué, plus il apprend.

TABLE DES MATIÈRES

Exercices préliminaires.

FIN DE LA TABLE DES MATIÈRES.

J. CLAYE, IMPRIMEUR, 7 RUE SAINT-BENOIT.